In einem berühmten chinesischen Märchen verschwindet der Maler in seinem eigenen Bild. Das ist die Utopie der Wahrheit: Übereinstimmung mit sich und der Welt. Um dieser Utopie willen haben Rousseau, Kleist und Nietzsche abenteuerliche Wahrheitsexpeditionen unternommen: Dreimal die Wahrheit des Ich gegen den Rest der Welt; dreimal führt die Suche nach Wahrheit in die selbstgemachten Bilder und in die Bereitschaft zur Gewalt gegen eine Wirklichkeit, die sich den Bildern widersetzt.

Eine andere große Wahrheitsexpedition ist die Metaphysik als der Versuch, in einer ›verkehrten‹ Welt eine ›wahre‹ Welt zu entdecken. Das beginnt eindrucksvoll bei Sokrates und Augustin und endet furchtbar im Zeitalter des Totalitären und des Fundamentalismus. Bleibt also nur die (Lebens-)Kunst, ohne die Gewißheit des richtigen Lebens, ohne verbürgte Wahrheit zu leben? Es sieht so aus. Am Beispiel Kafkas geht es in den letzten Kapiteln dieses Buches um die Kunst, in der Fremde zu bleiben.

»Dies ist ein großes Buch über die Macht der selbstgemachten Bilder, in denen Denker ihre Freiheit verloren oder in denen sie sich vor der Freiheit versteckten. Es handelt von Himmel- und Höllenfahrten im Reich der Gedanken, und es beginnt so sinnlich wie ein Märchen.« *(Der Spiegel)*

Rüdiger Safranski, geboren 1945, lebt als Schriftsteller und Privatgelehrter in Berlin. Er wurde mit dem Friedrich Märker-Preis, dem Ernst Robert Curtius-Preis für Essayistik sowie mit dem Premio Internazionale Federico Nietzsche für sein Buch ›Nietzsche. Biographie seines Denkens‹, ausgezeichnet.

Im Fischer Taschenbuch Verlag liegen vor: ›Ein Meister aus Deutschland. Heidegger und seine Zeit‹ (Bd. 15157), ›Das Böse oder Das Drama der Freiheit‹ (Bd. 14298), ›Schopenhauer und Die wilden Jahre der Philosophie‹ (Bd. 14299), ›E. T. A. Hoffmann. Das Leben eines skeptischen Phantasten‹ (Bd. 14301), ›Nietzsche. Biographie seines Denkens‹ (Bd. 15181), ›Romantik. Eine deutsche Affäre‹ (Bd. 18230), ›Wieviel Globalisierung verträgt der Mensch?‹ (Bd. 16384) sowie ›Schiller als Philosoph‹ (Hg.; Bd. 90181).

Unsere Adressen im Internet: www.fischerverlage.de
www.hochschule.fischerverlage.de

Rüdiger Safranski

Wieviel Wahrheit braucht der Mensch?

Über das Denkbare und das Lebbare

Fischer Taschenbuch Verlag

Für Gisela Maria

11. Auflage: März 2010

Ungekürzte Ausgabe
Veröffentlicht im Fischer Taschenbuch Verlag,
einem Unternehmen der S. Fischer Verlag GmbH,
Frankfurt am Main, Februar 1993

Lizenzausgabe mit freundlicher Genehmigung des
Carl Hanser Verlags, München Wien

Satz: Fotosatz Janß, Pfungstadt
Druck und Bindung: CPI – Clausen & Bosse, Leck
Printed in Germany
ISBN 978-3-596-10977-7

»Es wurde ein Fehler gemacht, wie wir geschaffen wurden; es fehlt uns etwas, ich habe keinen Namen dafür – aber wir werden es einander nicht aus den Eingeweiden herauswühlen, was sollen wir uns drum die Leiber aufbrechen? Geht, wir sind elende Alchimisten!«

Georg Büchner, Dantons Tod

Im Bild verschwinden

Die Frage nach der Wahrheit setzt Trennung voraus.

›Wer bin ich?‹ kann ich beispielsweise nur fragen, wenn ich noch nicht genügend mit mir selbst bekannt bin, wenn mein Sein und mein Bewußtsein auseinanderklaffen, wenn ich also noch von mir selbst getrennt bin. Nietzsche hat diese Paradoxie festgehalten in dem Satz: »Werde, der du bist.«

Man muß also ›außer sich sein‹, um an sich selbst die Frage nach der eigenen Wahrheit richten zu können. Man will die Wahrheit über sich herausbekommen, um endlich in den Besitz seiner selbst zu gelangen. Man will bei sich selbst *zu Hause* sein. Die prekäre Situation der Wahrheitssuche ist die des ›Außerhalb‹. Man ist von sich getrennt, und das Trennende ist das Bewußtsein. Nicht das Sein, nur das Bewußtsein stellt Wahrheitsfragen. Weil das Bewußtsein trennt, wird es auch als Schmerz empfunden: es raubt uns die unmittelbare Leichtigkeit des Seins.

Von diesem Urschmerz des Bewußtseins handelt Kleists Marionettengleichnis. Ist der »Schwerpunkt« der Marionette gut angelegt, werden alle ihre Bewegungen voller »Grazie« sein. Der Mensch hat diesen Schwerpunkt, in dem er ruht, nicht. Das Bewußtsein verrückt ihn ständig. Deshalb gibt es Ziererei, Unbeholfenheit, Krampf. Kleist: »Solche Mißgriffe . . . sind unvermeidlich, seitdem wir von dem Baum der Erkenntnis gegessen haben. Doch das Paradies ist verriegelt und der Cherub hinter uns; wir müssen die Reise um die Welt machen, und sehen, ob es vielleicht von hinten irgendwo wieder offen ist . . . So findet sich . . ., wenn die Erkenntnis gleichsam durch ein Unendliches gegangen ist, die Grazie wieder ein . . . Mithin . . . müßten wir wieder von dem Baum der Erkenntnis essen, um in den Stand der Unschuld zurückzufallen? – Allerdings, . . . das ist das letzte Kapitel von der Geschichte der Welt.«

Ein schwieriges Unterfangen: mit dem Bewußtsein wieder in den Stand der Unschuld zu gelangen; denn das Bewußtsein trennt uns nicht nur von uns selbst ab, sondern auch von der ›Welt‹, von der Natur und von den Anderen.

Ich weiß zuwenig und zuviel von dieser ›Welt‹.

Ich weiß ›zuviel‹, und deshalb weiß ich, daß sie unüberbrückbar von mir getrennt ist. Und ich weiß ›zuwenig‹ und deshalb erscheint sie mir undurchdringlich, fremd und bedrohlich.

In einer bedrohlichen Fremde ist es schwer, die ›Unschuld‹ zu bewahren. Unschuld setzt Unbefangenheit voraus. Die beängstigende Fremde aber befängt mich.

Nun ist ›Bewußtsein‹ nicht nur eine Art der Erkenntnis, sondern auch eine Art der Freiheit. Die biblische Geschichte von der Vertreibung aus dem Paradies betont den Freiheitsaspekt des Bewußtseins. Das Verhängnis beginnt in dem Augenblick, wenn ich erkenne, was gut und böse ist und ich mich folglich frei entscheiden muß. Ich bin *frei von* dem Zwang der Natur und bin *frei für* die Selbstbestimmung. Auch das kann eine schmerzhafte Trennung bedeuten: man ist, durch Geburt, zur Welt gebracht worden, aber jetzt muß man sich selbst immer wieder, mit Absicht und Entschiedenheit, aufs neue zur Welt bringen. Man hat sein Leben *erhalten* und kann es fortan nur *behalten*, wenn man sich selbst erhält. Das ist ein Unternehmen voller Risiken, aber auch mit überwältigenden Chancen. Denn indem ich aus der Gebundenheit heraustrete, komme ich ins Offene.

Dieses überschwenglich Chanceneröffnende nennt die philosophische Tradition: das *Transzendieren*.

Das Transzendieren treibt uns ins Weite, aber auch in die Obdachlosigkeit. Deshalb das Bemühen, diese Weite und Unabsehbarkeit dann doch wieder in etwas Heimatliches zu verwandeln: das Festhalten an den Bildern, von den mythischen Anfängen bis ins Zeitalter des Fernsehens.

Das Transzendieren träumt von einer Welt, in der wir keine

Angst mehr zu haben brauchen, wo es die große Einheit gibt, die uns umfängt und trägt. So wie wir einst im Mutterleib umfangen und getragen worden sind.

Diese Sehnsucht nach Einheit hat über zwei Jahrtausende die abendländische Metaphysik bestimmt; und es ist immer derselbe Schmerz über den Verlust der fraglosen Einheit mit dem Lebendigen, wodurch die metaphysische Frage nach der ›wahren Welt‹ und dem ›wahren Leben‹ wachgehalten wird.

Wachgehalten wird sie auch deshalb, weil die Menschen von je her drei Arten des beneidenswerten Gelingens vor Augen gehabt haben.

Man hat die Tiere beneidet, weil sie ganz Natur sind ohne störendes Bewußtsein. Man hat Gott beneidet, weil er ganz Geist ist ohne störende Natur. Und man hat schließlich das Kind beneidet, dieses göttliche Tier. Man hat damit sich selbst um seine verlorene Kindheit beneidet, seine Spontaneität und Unmittelbarkeit. Unsere Erinnerung läßt uns glauben, daß wir alle die Austreibung aus dem Paradies schon einmal erlebt haben, als unsere Kindheit zu Ende ging.

Fast alle Träume des Gelingens, in denen Innen und Außen, Bewußtsein und Sein, Ich und Welt in magischer Einheit sich befinden, leben vom Bildervorrat erinnerter oder imaginierter Kindheit.

Eine dieser träumerischen Geschichten kommt aus China und erzählt von einem Maler, der alt geworden war und einsam über der Arbeit an einem einzigen Bilde. Schließlich wurde es doch fertig. Er lud die verbliebenen Freunde ein. Sie umstanden das Bild: ein Park war darauf zu sehen, ein schmaler Weg zwischen Wiesen führte zu einem Haus auf der Anhöhe. Als die Freunde, fertig mit ihrem Urteil, sich dem Maler zuwenden wollen, ist der nicht mehr da. Sie blicken ins Bild: Dort geht er auf dem Weg die sanfte Anhöhe hinauf, öffnet die Tür des Hauses, steht einen Augenblick still, dreht sich um, lächelt, winkt noch einmal und verschwindet, sorgfältig die gemalte Tür hinter sich verschließend.

Der Maler verschwindet in seinem Bild wie in einem besseren Zuhause. Solche Einkehr bedeutet: sich von den anderen trennen. Für die Zurückbleibenden ist dieses Verschwinden eine Art Tod. Und doch erzählt diese Geschichte von einer Heimkehr und einer Ankunft. Da aber aus der Perspektive der Zurückgebliebenen erzählt wird, gibt es für das Glück der Heimkehr keine Sprache. Allenfalls könnte man auf dieses Bild hinweisen und sagen: Seht her, in diesem Bilde findet ihr die Sprache dieses Glücks.

Man könnte das Motiv der Unsagbarkeit fortspinnen: Nachdem der Maler in seinem Bilde verschwindet, müßte nun auch das Bild selbst verschwinden. Zurück bleibt – eine Leere. Eine vollkommene Abwesenheit. Denken wir uns diesen Vorgang als ein Pulsieren, dann würde die Leere sich wieder mit dem Bild füllen und am Ende träte der Maler aus seinem Bild.

Was könnte er erzählen? Wie war es dort drinnen?

Solche Geschichten lassen eine Fülle ahnen und lassen uns doch im Leeren zurück. Sie raunen vom Geheimnis des Innen-Seins und vermitteln die Suggestion des wahren Lebens. Als wäre diese Wahrheit unsagbar, aber in ihrer Unsagbarkeit allem überlegen, was sich sagen läßt. Was hier lockt, ist eine dunkle, überschwengliche Weltlosigkeit, bei der man gleichwohl das Gefühl hat, daß sie aus dem Herzen der Welt komme.

Es wird Zeit, daß wir uns nach beredteren und wirklicheren Akteuren solcher Himmel- und Höllenfahrten ins Innere der selbstgemachten Bilder umsehen.

Dreimal die Wahrheit des Ich gegen den Rest der Welt

Rousseau

Wir sind immer schon innen, ehe wir bemerken, *daß* wir innen sind. Wir bemerken es, wenn sich uns etwas zeigt und aufdrängt, das wir als Außen empfinden. Das Außen ist das Fremde. Erwachsenwerden bedeutet, daß eine eigentümliche Chemie uns mit diesem Fremden vermischt, und die Evidenz eines reinen Innen verlorengeht.

Das Genie Jean-Jacques Rousseaus besteht in nichts anderem als darin, daß er, mit unabsehbaren Folgen für unsere Kultur, diese Evidenz des Innen festgehalten oder wiederentdeckt und mit polemischer Energie gegen das Außen gewendet hat; ein Außen, das durch diese Entgegensetzung zwangsläufig als Universum der Entfremdung erscheinen muß.

Das Ereignis der Selbstergreifung und der Entdeckung der großen Entfremdung dort draußen ist datierbar. Jedenfalls hat Rousseau selbst es datiert. Es handelt sich um jenen Sommertag des Jahres 1749, an dem Rousseau von Paris aufbricht, um seinen Freund Diderot, der aufgrund eines willkürlichen Haftbefehls im Turm von Vincennes festgesetzt worden ist, zu besuchen. Er hat eine Nummer des »Mercure de France« bei sich, und während er im Gehen liest, fällt sein Blick plötzlich auf eine Preisfrage, die die Akademie von Dijon für das nächste Jahr gestellt hatte. »Wenn jemals etwas einer plötzlichen Inspiration glich«, so schildert Rousseau in einem Brief an Malesherbes diesen Augenblick, »so war es die Bewegung, die mich beim Lesen dieser Frage ergriff. Mit einem Schlag fühlte ich mich von tausend Lichtern geblendet; eine Fülle von Ideen drängte sich mir auf einmal mit solcher Gewalt auf, daß ich in eine unbeschreibliche Unruhe geriet. Ich fühlte meinen Kopf von einer Verwirrung angegriffen, die an Trunkenheit grenzte. Eine heftige Beklemmung befällt mich, mein Atem geht schwer, und da ich nicht weiterzugehen vermag, lasse ich mich unter einem Baum nieder. Hier verbringe ich eine halbe Stunde in einer solchen Erregung, daß ich, als ich mich erhebe, meinen Rock von Tränen benetzt finde, ohne gespürt zu haben, daß ich sie vergoß. O hätte ich jemals nur einen Bruchteil dessen schildern können, was ich unter diesem Baum gesehen und gefühlt habe! Mit welcher Klarheit hätte ich alsdann all die Widersprüche unserer sozialen Ordnung aufzeigen können; mit welcher Kraft hätte ich alle Mißbräuche unserer Einrichtungen darlegen, mit welcher Deutlichkeit hätte ich beweisen können, daß der Mensch von Natur gut ist, und daß nur die Einrichtungen es sind, die ihn schlecht machen. Alles was ich von der Fülle großer Wahrheiten, die mich unter diesem Baum erleuchteten, habe aufbehalten und in meinen Hauptschriften habe darstellen können, ist nur ein schwacher Nachklang dessen, was mich damals bewegte.«

In diesem Augenblick überwältigt Rousseau die berauschende Gewißheit: in mir ist die Wahrheit – dort draußen ist die Lüge. Er ist davon überzeugt, daß eine bestimmte Art der Vergesellschaftung den Menschen aus seinem instinktsicheren, unreflektierten Selbstsein herausgerissen hat. Der Mensch als vergesellschaftetes Wesen ist in die Unwahrheit hineingeraten. Angefangen hat diese Geschichte damit, daß die Menschen durch das Streben nach Besitz und Eigentum sich voneinander abgrenzten. Die Eigentumsverhältnisse ziehen nach sich: Konkurrenz, Macht und Hierarchien, die universellen Verfeindungen, das wechselseitige Mißtrauen, das Spiel der Maskierungen und Täuschungen. Kurz, die ganze Kultur, so wie er sie vor Augen hat. Aber zum Besitzstreben wäre es überhaupt nicht gekommen ohne den *Sündenfall der Erkenntnis*. Erkenntnis erzeugt Distanzen: die anderen Menschen, die Natur werden zu bloßen Mitteln der eigenen Selbstbehauptung degradiert. Der »reflektierende Mensch ist das entartete Tier«, sagt Rousseau und zieht daraus den Schluß: Der Sündenfall eines verfeindenden Bewußtseins, von der unsere ganze ›entfremdete‹ Kultur bestimmt ist, läßt sich nur aufheben durch ein neues, ein versöhnendes Bewußtsein. Man muß sich aus dem falschen Leben wieder hinausreflektieren und das nichtentartete Tier in sich selbst entdecken. Das meint Rousseau mit seiner Losung: »Zurück zur Natur.«

Dieser Ruf »Zurück zur Natur« hätte nicht jenes bis heute nachhallende Echo gefunden, wenn er uns auf weite Wege schicken würde: in dunkle Vergangenheiten, in exotisch-ferne Länder, in eine unabsehbare Zukunft. Nein, Rousseau deutet auf den scheinbar kürzesten aller Wege: Geht in euch, ruft er uns zu, dort findet ihr alles. Rousseau möchte uns keine neuen Lasten von Wissen und Gelehrsamkeit aufbürden; im Gegenteil, er ermuntert uns, solche Lasten abzuwerfen. Es wird sich uns keine Wahrheit zeigen, wenn wir nicht zuvor die Kunst des Vergessens erlernt haben. Wir sind Artisten der Verhinderung, wir müssen erst wieder lernen, das Verhindern zu verhindern, dann kann unser verstummtes Herz wieder sprechen: »O Tugend! Erhabene Wissenschaft einfältiger Seelen, so viel Mühe, so viel Anstalten sind nötig, dich kennenzulernen? Sind deine Grundsätze nicht in aller Herzen gegraben, und ist es nicht, um deine Gesetze zu erlernen, genug, daß man in sich selbst zurückkehrt und daß man die Stimme des Gewissens hört ...? Dieses ist die wahre Philosophie.«

Rousseaus Philosophieren hält ein überaus verlockendes Angebot bereit: wir können jetzt sofort der Misere entkommen, *wir brauchen nur zu uns selbst zurückfinden*. Die Tür, durch die wir bei uns eintreten können, steht noch offen.

Die späteren Philosophien der Entfremdung vertrösten uns auf gesellschaftliche Großprojekte der »Emanzipation«, wenn sie uns nicht gar, wie etwa Adorno, gänzlich ratlos und unerlöst lassen. Anders Rousseau: Für ihn gibt es, was Adorno bestreitet: ein richtiges Leben im falschen. Das individuelle Leben kann gelingen, auch wenn das gesellschaftliche Ganze im argen liegt. Es gelingt, wenn ich jetzt und hier ›zu mir komme‹. Wohin aber kommt man, wenn man zu sich kommt?

Man will von der Lüge in die Wahrheit kommen. Doch verwickelt man sich auf diesem Weg nach innen in neue Zweideutigkeiten. Montaigne hatte das schon bemerkt, und Rousseau bleibt diese Erfahrung nicht erspart. Das Selbst, bei dem wir vor den Verfeindungen, Torheiten und Täuschungen Zuflucht suchen, ist nicht unbedingt das Gute, das man dem gesellschaftlich Schlechten selbstbewußt entgegensetzen könnte. Geleitet von diesem Wunsch, das Gute möge doch seine wahre Natur sein, hatte Rousseau sich eine »gute Natur« zurechtgelegt, die sich dann aber doch nicht als seine »wahre« Natur herausstellte. Das Innerste ist jenseits von Gut und Böse. Vor allem eine Eigenschaft des »Guten« ist hier nicht zu finden: die Dauerhaftigkeit und Verläßlichkeit, das *Sich-selbst-Gleiche*. Eine singuläre Wahrheit des Inneren wird man vergeblich suchen. Die Wahrheit des Selbst gibt es nur im Plural.

»Nichts ist mir so unähnlich wie ich selbst, darum wäre es müßig, mich anders definieren zu wollen, als durch diese einzigartige Mannigfaltigkeit . . . Bisweilen bin ich ein harter und grausamer Misanthrop, dann wieder falle ich in Verzückung ob der Reize der Gesellschaft und der Wonnen der Liebe. Bald bin ich voll Ernst und frommer Andacht . . . doch alsbald werde ich zum Wüstling . . . Mit einem Wort, ein Proteus, ein Chamäleon, eine Frau sind weniger wechselwendige Wesen als ich. Das sollte den Neugierigen von vornherein alle Hoffnung nehmen, eines Tages meinen Charakter zu erkennen, denn stets werden sie mich in einer besonderen Form antreffen, die nur im selbigen Augenblicke meine ist.«

Das eigene Selbst erhält eine neue Bedeutung: es ist kein ruhendes, gleichbleibendes Sein, wo man vor Anker gehen könnte, sondern es ist ein *diskontinuierliches Ereignisgeschehen*, das man zulassen muß. Das Selbst gibt einem nicht Halt, es schickt einen auf die Reise – ins Ungewisse. Wo bleibt aber dann die Selbstgewißheit der Selbsterkenntnis und ihre steuernde Kompetenz?

Jede Selbsterkenntnis will wissen, *was* und *wer* ich bin. Dieses *Was* und *Wer* zielt auf ein zusammenfassendes, auch prognostisches Urteil. Wenn man aber ein diskontinuierliches Ereignisgeschehen ist, so ist ein solches zusammenfassendes, auch prognostisches Urteil unmöglich.

Wenn Selbsterkenntnis dieses Typs unmöglich ist, bleibt nur jene Selbstgewißheit übrig, die man so formulieren könnte: Ich weiß, *daß ich eben so bin, wie ich in diesem Augenblick bin*. Das ist weniger als die Erkenntnis, *was* und *wer* ich bin. Es ist aber mehr als die schlichte Selbstgewißheit, *daß* ich *überhaupt* bin.

Rousseau beantwortet die Frage nach der Wahrheit des Selbstseins mit dem Hinweis auf die nicht fixierbare, nicht substantiierbare Spontaneität. Sie muß gelebt werden. Hat man sie zunächst einmal durch Rückzug von den äußerlichen gesellschaftlichen Konventionen in sich selbst entdeckt, so muß man nun wieder aus sich herauskommen – mit Spontaneität. Das Selbst mit dem Mut zur Spontaneität soll das Lügengewebe der Gesellschaft wenigstens an einem Punkt zerreißen und dort draußen eine winzige Insel der Wahrheit schaffen. Rousseau will dafür sorgen, daß diese ›Wahrheiten‹ auch bemerkt werden. Deshalb sein Mitteilungsdrang. Es wird von nun an Rousseaus Leidenschaft sein, der Öffentlichkeit von seinen ›Augenblicken der wahren Empfindung‹ Mitteilung zu machen.

Aber er bleibt sich der Gefahr bewußt, daß auf dem Jahrmarkt der Eitelkeit auch die Wahrheit zur Eitelkeit, daß auf dem Felde der Selbstbehauptung auch das wahre Selbst zur bloßen Behauptung werden kann. Das hängt mit dem sozialen Charakter der Sprache zusammen. Die Sprache ist ein öffentliches Medium. Auch in ihr und mit ihr wird um gesellschaftliche Macht und Ansehen gefochten. Sie kann die ›Wahrheit‹ verbergen und diejenigen in die Irre führen, die nach ihr suchen. Sie ist ja, so Rousseau, nichts anderes als ein System von *Zeichen*, die niemals mit dem *Bezeichneten* identisch werden können. Gerade weil Rousseau so energisch die Wahrheit in der Unmittelbarkeit des Lebens sucht und weil er diese Unmittelbarkeit mitteilen möchte, stößt er auf die Grenze der Sprache. Mit seiner überströmenden Beredsamkeit will Rousseau zu verstehen geben: die Grenzen der Sprache sind nicht die Grenzen meiner Welt. Er will mit der Sprache über das sprachlich Mitteilbare hinausgehen. Deshalb seine häufigen Hinweise auf die Unsagbarkeiten des Herzens.

Er variiert den ehrwürdigen Topos: individuum est ineffabile – das Individuum ist nicht aussagbar. Wenn uns Rousseau andererseits doch mit Worten überhäuft, so bittet er uns zugleich, auf das Schweigen zwischen den Worten zu hören. Und er warnt uns und sich selbst davor, der Suggestion der Sprachlogik, die stets Zusammenhänge herstellt und Ordnungen stiftet, zu erliegen. Aber diese Zusammenhänge und Ordnungen gibt es in Wirklichkeit nicht, es gibt nur Augenblicke in der Reihe des diskontinuierlichen Ereignisgeschehens unseres inneren Lebens.

Aus der Fülle dieses Ereignisgeschehens greift Rousseau einige Augenblicke heraus, hervorragende Augenblicke, die er mit der Bedeutung unterlegt: Seht her, hier findet ihr die Augenblicke, die ins Innerste des Seins, meines Seins und des Seins überhaupt, führen. Ich kenne Augenblicke, so wird er zu verstehen geben, da hatte ich teil am innersten Geheimnis. Aber ich habe mich von euch trennen müssen, um sie zu erleben; und da ich sie nun erlebt habe, lege ich sie euch ans Herz, überantworte sie eurem Erleben.

Diese hervorragenden Augenblicke der wahren Empfindung könnte man nennen: die Augenblicke der *Großen Kommunion*.

Die Große Kommunion

Die Große Kommunion ist der Augenblick, wenn das Außen vor der Sonne eines Innen wegschmilzt oder wenn das ganze Außen sich verwandelt in ein strahlendes Innen. Beides läuft im Ergebnis auf dasselbe hinaus: es gibt keine Trennung mehr zwischen Außen und Innen. Das ist ein Augenblick, den jeder, der ihn nicht erlebt, als bloße Imagination abtun wird, gerade weil er ihn nicht erlebt. Das Gemeinsame solcher Einheitserlebnisse ist das Verschwinden alles Fremden, Widerständigen, Abweisenden, Störenden. Solches Erleben kann expansiv sein, ein Sich-Verströmen in die Natur, die dann als etwas zutiefst Vertrautes empfunden wird. Im dritten Brief von 1762 an Malesherbes schreibt Rousseau:

»Nun suchte ich mit ruhigerem Schritt einen wilden Ort im Walde, eine verlassene Stelle, wo nichts Menschenhände verriet und Knechtschaft und Herrschaft anzeigte, einen Zufluchtsort, wohin ich zuerst vorgedrungen zu sein glauben konnte und wo *kein quälender Dritter sich zwischen die Natur und mich stellen konnte*. Hier schien sie vor meinen Augen eine immer neue Pracht zu entfalten . . . Dann verlor sich mein Geist in diese Unermeßlichkeit . . . Ich glaube, wenn ich alle Geheimnisse der Natur entschleiert hätte, mein Zustand wäre weniger wonnevoll gewesen als dieses betäubende Entzücken, . . . das in der Erregung der Ausbrüche meiner Freude mich bisweilen ausrufen ließ: O großes Sein! O großes Sein! ohne daß ich mehr sagen noch denken konnte.«

Kein »Dritter« schiebt sich zwischen die Natur und ihn, und so kann es zur Vereinigung zwischen ihm und dem großen »Sein« kommen; hier wird er, mit dem Gefühl »betäubenden Entzückens«, zu einem Teil des großen Seins. Er »verliert« sich darin.

Ein andermal ist es umgekehrt: da zieht er das ganze Sein in sich hinein und schwelgt in dem Gefühl, sich selbst genug zu sein, wie Gott. In diesen Augenblicken fehlt nicht nur der störende »Dritte«, auch der »Zweite«, das Gegenüber, sei es Gott oder die Natur, ist in dem »Einen«, im eigenen Selbst, aufgegangen. Das Erleben ist kontraktiv, es zieht sich auf den Genuß des eigenen Selbst zusammen. Die störende Macht der Außenwelt ist gebrochen und sie hört damit überhaupt auf, Außenwelt zu sein.

»Gibt es aber einen Zustand, in dem die Seele eine hinlänglich feste Lage findet, um sich darin ganz auszuruhen und sich darin ganz zu sammeln, ohne in die Vergangenheit zurückblikken oder in die Zukunft vorgreifen zu müssen, wo alle Zeit ihr gleichgültig ist, wo das Gegenwärtige immer fortdauert, ohne aber seine Dauer merken zu lassen . . . bloß auf das Gefühl unseres Daseins eingeschränkt, welches Gefühl allein die Gegenwart ganz erfüllt: solange dieser Zustand währt, kann der, der sich darin befindet, sich glücklich nennen . . . Es wäre ein . . . überschwengliches Glück, das in der Seele keine Leere auszufüllen läßt. In diesem Zustand bin ich bei meinen einsamen Träumereien auf der Petersinsel oft gewesen, bald in meinem Kahn liegend, den ich den Wellen überließ, bald sitzend an den Ufern des unruhigen Sees oder anderwärts am Rand eines schönen Flüßchens oder eines Baches, der murmelnd über den Kiesel hinfloß.

Und was genießt man in einer solchen Lage? Nichts, das außer uns selbst wäre, nichts als sich selbst und sein eigenes Dasein, und solange dieser Zustand währt, ist man, wie Gott, sich selbst genug.«

Diese Selbstgenügsamkeit ist eine Art des Zusammenschlusses mit sich selbst. Eine selbstbezogene Kommunion. Ein überschwengliches Gefühl des Selbstbesitzes.

Doch es gibt für Rousseau noch eine radikalere Form des augenblicklichen Selbstseins. Denn es kann sogar das Gefühl des eigenen Ich verschwinden. Eine Vereinigung mit sich selbst ohne jeden Rest von reflexivem Selbstbewußtsein. Übrig bleibt ein »reines« Ereignis.

Ein Beispiel: Rousseau erzählt von einem merkwürdigen Unfall. Eine Dogge war auf ihn zugestürzt. Er versuchte auszuweichen, sprang in die Höhe und verlor dann das Bewußtsein. Was nach dem Erwachen mit ihm geschah, schildert er so:

»Ich nahm den Himmel wahr, einige Sterne und ein wenig Grün. Diese erste Empfindung war ein köstlicher Augenblick ... Ganz dem gegenwärtigen Augenblick gehörig, erinnerte ich mich an gar nichts, ich hatte keinen deutlichen Begriff von meinem Individuum, nicht die mindeste Vorstellung dessen, was mir begegnet war, ich wußte weder wer, noch wo ich war, fühlte weder Weh noch Furcht, noch Unruhe. Mein Blut sah ich fließen, ganz wie ich einen Bach hätte fließen sehen, ohne es mir nur einfallen zu lassen, daß dieses Blut mir gehöre. – Ich fühlte in meinem ganzen Wesen eine beglükkende Stille, mit der, so oft ich mich an sie erinnere, alle Wirkung der mir bekannten Vergnügungen nicht zu vergleichen ist.«

Wenn aller Selbstbezug, wenn jedes Empfinden dafür, daß ›ich‹ es bin, der die Empfindung ›hat‹, verschwunden ist – dann erst ist der Höhepunkt der Großen Kommunion, der Augenblick der wahren Empfindung erreicht. Das Glück der ersten Szene besteht darin, daß sich kein »Dritter« zwischen die Natur und das Selbst schiebt; das der zweiten besteht darin, daß nichts den Selbstgenuß stört; und das Glück der dritten Szene, das vollkommene Glück, kennt auch nicht mehr dieses Selbst, auf das man sich glückhaft beziehen könnte. Man ist vollkommen darin. *Es ist der Endpunkt des Innen-Seins.* Hier ist es dann nur noch die berichtende Sprache, die einen irreduziblen Rest von Außerhalb hineinbringt. Ein Außerhalb aber, das im Augenblick selbst nicht mehr existiert hat. Man kann es auch so sagen: Die Erfüllungsdynamik des Selbstseins läuft auf die Ichvergessenheit hinaus. Es gibt dann nur noch Empfindungsereignisse, die nicht mehr von der Vorstellung ›ich bin es, der empfindet‹ begleitet werden. In diesem Augenblick des Innen-Seins endet das ganze Drama der Zerteilung von Innen und Außen, denn man kann, strenggenommen, gar nicht mehr von einem »Innen-Sein« sprechen, denn wenn das Ich-Bewußtsein verschwindet, verschwindet auch das Bewußtsein eines Nicht-Ich, das Bewußtsein also davon, daß es ein Außen gibt. Die Empfindungsereignisse geschehen; die Frage von Innen oder Außen stellt sich gar nicht mehr.

In der Geschichte des philosophischen Denkens wird man sich dieser durchaus nicht mysteriösen Erfahrung des Ich-Bewußtseinsverlustes erst wieder entsinnen, nachdem die mit Kant beginnenden transzendentalphilosophischen und identitätsphilosophischen Entwürfe, die alle vom ›ich denke‹ oder ›ich empfinde‹ ihren Ausgang nehmen, ihre große Zeit hinter sich haben. Das wird gegen Ende des 19. Jahrhunderts sein.

Wie Rousseau wird sich beispielsweise Ernst Mach mit den »reinen Empfindungen« beschäftigen. Wie Rousseau wird dieser jedem Idealismus abholde Philosoph von der großen ichlosen Kommunion mit der Welt erzählen: »An einem heiteren Sommertage im Freien erschien mir einmal die Welt samt meinem Ich als *eine* zusammenhängende Masse von Empfindungen . . .«

Mach, immerhin der philosophische Lehrmeister von Albert Einstein, will auch die leidige Trennung von Innen und Außen überwinden; und zwar nicht durch Kraftakte des Denkens, sondern indem er, wie Rousseau, aufmerksam ist auf eine Erfahrung, die jedem widerfährt, die sich aber hartnäckig jedem theoretischen Zugriff zu entziehen scheint. Es ist die Erfahrung, daß »das Ich . . . gerade in den glücklichsten Augenblikken teilweise oder ganz fehlen kann« (Ernst Mach).

Zurück zu Rousseau. Seine Augenblicke der wahren Empfindung sind ›reiner‹ Selbstbezug und ›reiner‹ Naturbezug. Sie ereignen sich abseits der Verstrickung in die konventionelle Welt der Anderen, der Gesellschaft also. Aber er will ja seine Erlebnisse mitteilen, er will sie teilen mit den Anderen. Das geht aber nur, wenn die Anderen ihre Andersheit verlieren und die Einladung annehmen, ins Innere Jean-Jacques' hereinzukommen. Rousseau wünscht, man möge ihn so lesen, daß der Text, der Korpus der Zeichen also, gleichsam »verbrennt« (Starobinski) zwischen dem Gefühl des Schreibenden und dem Gefühl des Lesers. Mit anderen Worten: Rousseau fordert nichts weniger als das Einfühlungsvermögen der Liebe.

Kommunikation ist für ihn der Vorgang, bei dem aus Zweien Eines wird: ein Herz und eine Seele.

Rousseau versucht, im Akt der Mitteilung bereits das zu verwirklichen, was er für das ›wahre soziale Sein‹ hält. Und dieses ›wahre soziale Sein‹ kann er sich nur vorstellen nach dem Modell der Großen Kommunion.

Die Große Kommunion mit den Anderen kann sich für Rousseau nur unter einer Voraussetzung ereignen: die Körper, dieser Abgrund zwischen Ich und Du, diese Andersheit schlechthin, dürfen so gut wie keine Rolle mehr spielen.

Der Körper – der eigene und der fremde – ist für Rousseau ein besonders hartnäckiges, undurchdringliches Außen. An ihm prallen die Vereinigungswünsche ab. In seinen »Bekenntnissen« schildert Rousseau ein Erlebnis, das ihn geprägt haben soll, wie er behauptet. Er ist gerade dabei, ein junges Mädchen zu verführen.

»Im Augenblick, da mir auf einem Busen, der zum erstenmal Mund und Hand eines Mannes zu dulden schien, die Sinne schwinden wollten, bemerkte ich, daß sie an einer Brust keine Warze hatte. Ich stutze, prüfe, glaube zu sehen, daß diese Brust nicht wie die andre gebildet ist. Nun zerbreche ich mir den Kopf, wie man eine Brust ohne Warze haben kann; und überzeugt, daß das mit einem beträchtlichen natürlichen Mangel zusammenhinge, drehe und wende ich diesen Gedanken und sehe klar wie der Tag, daß ich in der reizendsten Person, deren Bild ich mir vorstellen kann, in meinen Armen nur eine Art *Ungeheuer* halten kann.« Dem Körper muß nicht eine Brustwarze fehlen, damit sich seine abweisende Undurchdringlichkeit erweisen kann. Nicht nur Zulietta, das Mädchen ohne Brustwarze, wird zum »Ungeheuer«; sondern ungeheuer bleibt jenes Außen überhaupt, das die Körperwelt den Vereinigungswünschen entgegenstellt. Rousseau wird deshalb, wie später auch Kafka, von seinen Geliebten Abstand halten, *um ihnen schreiben zu können*.

Das Schreiben empfindet er als eine Vereinigung, die »rein«

ist, weil sie *ganz* in seiner Regie bleibt. Rousseau kennt die Kommunion der Liebe nur als souveränen Akt seiner Einbildungskraft. »Man konnte nicht begreifen«, schreibt er, »bis zu welchem Grad ich mich für eingebildete Wesen zu entflammen vermag.« Wenn es keine eingebildeten, sondern wirkliche Wesen waren, für die er entflammte, so macht das keinen Unterschied, denn es ist auch nur seine Einbildungskraft, die an den wirklichen Personen das entdeckt, was ihn entflammt. Liebe und Freundschaft sind für Rousseau das Verlangen danach, sich im Anderen wiederzufinden. Er nennt das: vollkommene Durchsichtigkeit, Transparenz.

Bleiben wir im Bild: Das vollkommen Transparente ist ein Nichts. Es mag eine ›Materie‹ haben, diese bringt sich aber nicht zur Geltung, sie läßt das Licht ungebrochen hindurch.

Das vollkommen transparente »Du« hört auf, das Licht, das von mir ausgeht, zu brechen. Damit aber hört es auf, ein *Du* zu sein. Denn jedes »Du« ist eine herausfordernd andere Welt, mit der es keine grenzenlose Einheit geben kann. Solches Einheitsverlangen irrealisiert den Anderen und macht ihn mir gleich, wenn auch nur in meinem Erleben. Das kann eine Weile lang gutgehen, doch dann wird der Andere in seinem Anderssein um so nachdrücklicher aus den Bildern heraustreten, in die mein Einheitsverlangen ihn eingeschlossen hat. So kommt es dann zu jenem so qualvollen Hin und Her zwischen Großer Kommunion und heftiger Verfeindung, zwischen euphorischem Einheitsgefühl und grenzenlosem Mißtrauen.

Die Große Kommunion verfehlt das wirkliche Mit-Sein. Sie ist Ausdehnung des Selbstseins über die Welt der Anderen, und damit der Versuch, die Andersheit der Anderen auszulöschen. Das nach Kommunion strebende Selbst wird stets Niederlagen erleben. Denn der Andere wird sich stets in seiner Andersheit geltend machen. Und das kommunionsbedürftige Selbst wird dies dann nur als katastrophalen, feindlichen, die Kommunion zerstörenden Akt erleben können. Die imaginierte Welt der Gleichgestimmten verwandelt sich jäh in eine

Welt voller Feinde. So ist es Rousseau auch tatsächlich ergangen. Am Ende fühlte er sich umzingelt und verfolgt von dunklen Machenschaften und Ungeheuern.

Das zwölfte und letzte Buch der »Bekenntnisse«, das einen Bericht über das Schweizer Exil des inzwischen fünfzigjährigen Rousseau enthält, setzt ein mit den verzweiflungsvollen Sätzen: »Hier beginnt das Werk der Finsternis, in der ich seit acht Jahren begraben bin, ohne daß es mir trotz aller Mühe möglich gewesen wäre, das erschreckende Dunkel zu durchdringen. In dem Abgrund der Leiden, in dem ich untergegangen bin, spüre ich die Schläge, die gegen mich geführt wurden, und sehe das Werkzeug, dessen man sich bedient. Aber ich kann weder die Hand sehen, die es lenkt, noch die Mittel, die sie anwendet.«

Während Rousseau in seinem persönlichen Leben immer tiefer in die Nacht des Mißtrauens und der Verfeindung hineingerät, dehnt er seine Phantasien der Großen Kommunion aus auf die ganze Gesellschaft. Das kann auch nicht anders sein, denn das Verlangen nach Selbstsein, Vereinigung und Transparenz kann keine Grenze akzeptieren, weil jede Grenze eine Gefahr ist: wenn ich sie nicht hinausschiebe, dringt sie in mich ein.

Die Gesellschaft soll sich, so träumt Rousseau, in eine von Sympathie und einem gemeinsamen Willen beseelte *Gemeinschaft* verwandeln. Der gemeinsame Wille (»volonté générale«) macht es möglich, er ist das Transparenzideal der Gesellschaft. Der »gemeinsame Wille« ist nicht die abstrakte Summe vielfältiger Willensstrebungen oder ein statistischer Mehrheitswille, sondern er ist etwas Grundlegendes, eine gesellschaftliche Vernunft und Tugend, die alle miteinander verbindet, unter der Voraussetzung, daß jedermann in seinen eigenen Grund hinabreicht. Wenn das geschieht, sind wir alle füreinander gleich, sind wir alle füreinander vollkommen durchsichtig.

Wie in der Liebe und der Freundschaft, so ist bei Rousseau auch in der Gesellschaftsutopie kein Platz für den Anderen in seinem Anderssein. Das Sein des Anderen ist ein undurchdringliches Außen, deshalb muß die Große Kommunion der Gesellschaft es aufzehren. Die Gesellschaft wird zu einem einzigen Innen.

Welche Gefährlichkeit diesen Phantasmen innewohnt, wissen wir, seit Robespierre unter Berufung auf Rousseaus »volonté générale« den Terrorismus der Tugend praktizierte.

Das Einheitsverlangen, das kein Außerhalb und das heißt: keine Verschiedenheit mehr erträgt, muß, wenn es ins Politische durchschlägt, ins Gefängnis des Totalitären führen.

Angst vor der Freiheit der Anderen

Rousseau war, wie kaum ein anderer, vertraut mit den Unabsehbarkeiten unseres Inneren. Und so konnte ihm eine andere Kraft unseres Selbstseins, die uns gegen Gefängnisse jeder Art rebellieren läßt, nicht verborgen bleiben: die Freiheit.

Rousseau hat über die Freiheit nachgedacht wie über ein Mysterium. Er hat sie praktisch für sich in Anspruch genommen, aber sie wird ihm am Ende nicht helfen gegen die Angst vor der feindlichen Welt. Im Gegenteil, sie wird seine Angst verstärken, aus dem einfachen Grund, *weil es da noch die Freiheit der Anderen gibt*.

Zunächst aber geht es um die beglückende Erfahrung der eigenen Freiheit.

Die Großen Kommunionen, von denen bisher die Rede war, gehören alle in die Dimension des »Gefühls«. Sie haben einen passiven Zug: ich *erlebe* sie. Es steckt immer ein Fallen-Lassen, eine beseligende Trägheit darin. Eine »verführerische Schlaffheit«, sagt Rousseau.

Diese Unmittelbarkeit des Gefühls wird herausgefordert von der ganz anderen Unmittelbarkeit der Freiheit. Sie ist Spontaneität, Wille. Rousseau zeigt, welche Geheimnisse und Unabsehbarkeiten auch in dieser Dimension unseres Innen verborgen liegen. Tatsächlich »verborgen« liegen; denn wie für das »Gefühl«, so gilt auch für die Freiheit: man muß sie erst wieder in sich entdecken, zu ihr zurückfinden. Freiheit ist die Fähigkeit, in jedem Augenblick neu *anfangen zu können.* Mag ich hinterher eine äußere Kausalität für das verantwortlich machen, was ich *jetzt* tue, es ändert nichts daran, daß die Situation *jetzt* offen ist und ich mich in Freiheit entscheiden kann und muß. Mit jeder freien Handlung mag eine neue Kausalkette von Folgen und Wirkungen beginnen, gewiß ist aber auch, daß mit jeder Handlung aus Freiheit eine Kausalkette abreißt.

So berauschend ist für Rousseau die Spontaneität der Freiheit, daß er nach ihrem Vorbild die Idee Gottes oder des Weltenanfangs denkt. Auf die Frage, ob ein Anfang der Welt überhaupt denkbar sei, antwortet er kühn: *ein solcher Anfang ist denkbar, weil wir selbst jederzeit neu anfangen können.* Rousseau hat wie noch keiner vor ihm dieses *Anfängliche* unseres Wesens bedacht. Die Freiheit wirft uns ins Offene. Wir sind nicht länger einfach geborgen in einem Sein, wir müssen mit unserer freien Spontaneität ein neues unvorhersehbares Sein hervorbringen. Wir können und wir müssen handeln, und im Handeln können wir das Sein wachsen lassen – im Bösen oder im Guten.

Freiheit hat etwas ansteckendes. Wenn man erst einmal die Aufmerksamkeit auf sie richtet, entdeckt man sie überall. Rousseau entdeckt sie auch in jedem Akt der Wahrnehmung. Man nimmt nicht nur passiv Sinneseindrücke auf, lehrt er. Wäre dem so, würde beispielsweise das Gesehene und Berührte in zwei verschiedene Gegenstände auseinanderfallen. Die aktive Leistung des Ich, das ›freie‹ Spiel der Einbildungskraft, bringt die Sinneseindrücke erst zusammen, so daß ein ›Gegenstand‹ in unserem Geist entsteht.

Das Gefühl empfängt die Welt, die Freiheit erschafft sie.

Durch die Freiheit gewinnt man ein Selbstsein, das nicht in einem Innen verschlossen bleibt, sondern herauskommt. Die Freiheit macht aus den »Affektationen« der Seele »Aktionen«.

Das Verlangen nach der Großen Kommunion war ein Verlangen nach Bei-sich-Sein, beseligender Ruhe und Einheit. Nichts Fremdes sollte es mehr geben.

Freiheit aber ist eine Bewegung, die nicht ruhen läßt, die in die Fremde hinaustreibt. In einer Welt, die immer schon angefangen hat, fange ich noch einmal an und beunruhige mich und die Anderen damit. Freiheit läßt mich handeln, und handelnd bewege ich mich in einem Außen. Ich verliere die untätige Reinheit meines Innen-Seins. Mein Handeln zeitigt unabsehbare Folgen. Es wird mißverstanden, fordert Reaktionen heraus, bewirkt, was ich nicht gewollt habe und legt mich doch fest. Von einem bestimmten Punkt an gehört meine Handlung nicht mehr mir. Sie ist eine soziale Wirklichkeit geworden. Sie ist verstrickt in die unendlich vielen anderen Handlungsketten, die schließlich eine Wirklichkeit hervorbringen, die von keiner einzelnen Absicht mehr beherrscht wird und in der keiner sich wiederentdecken kann. Wie soll man da nicht Angst vor dem Handeln und vor der Freiheit bekommen?

Rousseau weiß: gegen die Angst vor der Freiheit hilft nur die Freiheit. Sie stiftet uns zum Handeln an, bewahrt uns aber auch davor, unter dem Gewicht der vergangenen Handlungen, die zu einer fremden Macht über uns geworden sind, zusammenzubrechen. So bewährt sie sich als die Fähigkeit, immer wieder neu anfangen zu können. Freiheit ist die Spontaneität der Verwandlung. Sie ist unsere Proteusnatur.

Freiheit verhindert auch, daß man sein Selbst mit der jeweils konkreten Gestalt der Selbstverwirklichung verwechselt. Aus der Perspektive der Freiheit existiert das Selbst nur in der Möglichkeitsform.

Rousseau war in seinen einsamen Stunden ein Meister darin, sein Selbst als die Fülle der Möglichkeiten festzuhalten und inwendig zu genießen.

Er hatte auch den Mut, mit Freiheit aus sich herauszugehen, sich in die Welt einzumischen, seine Möglichkeiten zur Wirklichkeit zu machen.

Weil er mit der inneren Unabsehbarkeit und Unbestimmtheit der eigenen Freiheit vertraut war und zugleich mit dieser Freiheit nach ›außen‹ ging, konnte ihm nicht verborgen bleiben, daß sich dort draußen, wo es die vielen Freiheiten der Anderen gibt, dieselbe Unabsehbarkeit und Unbestimmtheit auftut wie im eigenen Inneren. Und das ist der Umschlag: der Genuß der eigenen Freiheit wird zur Angst vor der Freiheit der Anderen, durch die die Welt draußen so unverläßlich und undurchsichtig wird. Weil ich mich als ein freies Wesen erfahre, das immer wieder neu anfangen, aus Konsequenzen, Regeln, Normen, Berechenbarkeiten herausspringen kann, weiß ich: die Anderen können das auch. So aber verschwindet die Transparenz und Verläßlichkeit aus der Welt und es kann mir geschehen, daß Schläge auf mich herabsausen aus dem heiteren Himmel der Spontaneität der Anderen.

Erst auf diesem Hintergrund wird der ganze Sinn des Transparenzideals deutlich: Wenn ich davon träume, daß Ich und Du oder eine ganze Gesellschaft »ein Herz und eine Seele« werden möge, dann fürchte ich mich vor den beängstigend vielen Freiheiten, vor dem Chaos der Spontaneität dort draußen, und wünsche mir, es möge doch nur die eine große Freiheit geben, in der wir alle zusammenstimmen.

Die eine große Freiheit – welche soll das sein? Es kann nur die sein, die ich von innen her kenne, und so kenne ich nur eine: meine.

Die Sehnsucht nach der Großen Kommunion und die Entdeckung des Mysteriums der Freiheit – beides zusammen hat nicht verhindern können, daß Jean-Jacques Rousseau sich schließlich in sich selbst zurückzog. Am Ende hat er seine Freiheit, die uns in die Welt schickt, dazu benutzt, sich aus ihr zurückzuziehen.

Er klagt, er habe nur noch Feinde und wisse nicht warum. Er verwandelt seine Freiheit *zum* Handeln in die Freiheit *vom* Handeln. Die ausgegrenzte Fremde dort draußen wird dadurch noch fremder. Aber er hat sein Asyl gefunden in einer Welt, die ihm nur noch wie ein gefährlicher Dschungel vorkommt. Er geht spazieren, träumt, kopiert Noten und botanisiert. Vor allem aber: er unterhält sich mit sich selbst.

»Jean-Jacques saß mit einer weißen Mütze am Tisch und kopierte Noten. Neben ihm stand ein Spinett, auf dem er von Zeit zu Zeit eine Arie versuchte. Zwei kleine Betten, eine Kommode, ein Tisch und einige Stühle bildeten das ganze Mobiliar. Seine Frau saß an einem Fenster und nähte. Ein Kanarienvogel sang in einem Bauer. Sperlinge kamen und pickten Brot an den offenen Fenstern, wo Kästen und Töpfe mit Pflanzen standen. Das ganze kleine Hauswesen trug ein Gepräge der Reinlichkeit, des Friedens und der Einfachheit.«

Rousseau ist auf dem Weg, in sich selbst zu verschwinden.

Kleist

Am 5. Februar 1801 schreibt der vierundzwanzigjährige Heinrich von Kleist an seine Schwester Ulrike:

»Ach, liebe Ulrike, ich passe mich nicht unter die Menschen, es ist eine traurige Wahrheit, aber eine Wahrheit . . . Indessen wenn ich mich in Gesellschaft nicht wohl befinde, so geschieht dies weniger, weil andere, als vielmehr weil ich mich selbst nicht zeige, wie ich es wünsche. Die Notwendigkeit, eine Rolle zu spielen, und ein innerer Widerwillen dagegen machen mir jede Gesellschaft lästig, und *froh kann ich nur in meiner eignen Gesellschaft sein, weil ich da ganz wahr sein darf.* Das darf man unter den Menschen nicht, und keiner ist es . . .«

Das klingt, trotz aller Selbstkritik, vorwurfsvoll: die Gesellschaft schließt das ›wahre‹ Sein aus. Kleist klagt im Geiste Rousseaus. Aber anders als Rousseau plagen ihn Selbstzweifel. Ist es wirklich nur die Gesellschaft, die ihn hindert, sich »zu zeigen«, wie er ist?

Kleist verweist auf seine »unerklärliche Verlegenheit«, die »wahrscheinlich eine ganz physische Ursache« habe. Befangen macht ihn die eigene körperliche Erscheinung: die Kleinwüchsigkeit, der große, runde Kopf, das fleischige Gesicht; Zeitgenossen berichten, daß Kleist leicht errötete und ins Stottern kam, wenn er in Gesellschaft sprach. Oft wirkte er abwesend, dann wieder konnte es sein, daß er lossprudelte, bis irgendein Hindernis – es konnte eine erstaunte Miene, eine Unaufmerksamkeit, ein Türenschlagen sein – ihn plötzlich wieder verstummen ließ; er konnte nur mit höchster Intensität oder gar nicht sprechen. Daher die Atemlosigkeit, die sich auch in seiner Dichtung bemerkbar macht. Es herrscht dort eine hastige Konsequenz, eine überstürzte Eile, wie von der Furcht getrieben, man könnte den Faden und damit alles verlieren, jedes Innehalten könnte Absturz bedeuten.

Mit dem Hinweis auf die »Verlegenheit« gibt sich Kleist nicht zufrieden.

Er ist sich des positiven Wertes seines Inneren nicht sicher. Er schwankt. Das eine Mal gilt ihm die Tatsache, daß sein Inneres nicht verstrickt ist in die »Meinungen, gleichen Interessen, gleichen Wünsche, Hoffnungen und Aussichten« der anderen, als Beweis seines höheren, einmaligen Wertes. Das andere Mal ekelt es ihn vor dem eigenen, so verborgen gehaltenen Inneren.

»Ach, es gibt«, so Kleist im zuerst zitierten Brief von 1801, »eine traurige Klarheit, mit welcher die Natur viele Menschen ... zu ihrem Glück verschont hat ... sie zeigt mir ... *mich selbst in seiner ganzen armseligen Blöße, und dem Herzen ekelt zuletzt vor dieser Nacktheit ...«*

Vor den Selbstzweifeln schützt nur die Selbstvergessenheit. »Meine heitersten Augenblicke sind solche, wo ich mich selbst vergesse«, schreibt er. Leider kann man nicht mit Absicht vergessen. Und so bleibt nur die Sehnsucht nach Unmittelbarkeit, nach einem Sein, das unbefangen in sich ruht, weil es noch nicht oder nicht mehr unter dem Zwang steht, sich selbst begreifen zu müssen. Es ist der alte Traum vom Paradies, aus dem wir vertrieben wurden, als wir vom »Baum der Erkenntnis« gegessen haben.

Wie dieser »Sündenfall« sich stets aufs neue ereignet, wie aber auch die paradiesische Unbefangenheit gelingen kann – davon wird Kleist in seinen Werken träumen. In seinem Leben aber kann er den Verlust an Unmittelbarkeit nicht rückgängig machen. Der Riß zwischen Innen und Außen bleibt, und Kleist schwankt zwischen emphatischer Selbstidentifikation und Selbstekel. Und in diesem Schwanken ergreift ihn eine »Ängstlichkeit, eine Beklommenheit«, die Seekrankheit des gefährdeten Selbstseins.

Die neuere Kleistforschung vermutet, daß die homosexuellen Gefühle, die Kleist bei sich entdeckte und die ihn wegen ihrer gesellschaftlichen Ächtung ängstigen mußten, zu diesem Selbstzweifel und Selbstekel beigetragen haben.

Auffällig ist jedenfalls, daß bereits in die erste homoerotisch gefärbte Freundschaft mit dem Vetter Carl Otto von Pannwitz das Selbstmordmotiv hineinspielt. Die beiden versprechen sich, ihrem Leben gemeinsam ein Ende zu setzen, wenn es ihnen etwas »Unwürdiges« zumuten sollte.

Auch dem lebenslangen Freund Ernst von Pfuel gegenüber äußert Kleist den Wunsch, gemeinsam mit ihm sterben zu wollen, und zwar in eben dem Brief, in dem er ihm auch das Geständnis seiner Liebe macht: »Du stelltest das Zeitalter der Griechen in meinem Herzen wieder her, ich hätte bei Dir schlafen können, Du lieber Junge.«

Es hat den Anschein, daß bei Kleist Homosexualität und Selbstbestrafungsbedürfnis, ausgedrückt im Todeswunsch, eng zusammengehören. In seinem dichterischen Schaffen hat Kleist diesen Zusammenhang ausphantasiert. In seinem ersten Theaterstück, »Die Familie Schroffenstein«, gibt es eine Liebesszene, die tödlich endet. Der Jüngling und das Mädchen tauschen in einer Liebesgrotte die Kleider, und dann fallen die miteinander verfeindeten und zugleich verwandten Väter über das Paar her. Jeder will das Kind des anderen töten, tötet aber, durch den Kleidertausch getäuscht, aus »Versehen« das eigene. Die beiden werden ermordet, noch ehe es zum Liebesakt gekommen ist. Die Vorbereitung auf den Liebesakt ist die Verwandlung der beiden in das jeweils andere Geschlecht. Der Jüngling weiß von der tödlichen Gefahr, die droht. Man hat den Eindruck, daß erst die Todesgefahr seiner Liebe das Feuer gibt und daß für ihn der Kleidertausch, die Verwandlung ins Mädchen also, seine ganze Lust erregt. Eine Lust, für die er und die Geliebte sogleich bestraft werden. Bestraft durch die Väterwelt, die mordgierig auf den Plan tritt. Das alles ist so offensichtlich, daß die Freunde, als Kleist ihnen das Schauerstück vorlas, Tränen gelacht haben. Und Kleist hat schließlich in dieses Lachen eingestimmt – und einer Veröffentlichung zugestimmt, seine Schwester aber angewiesen, darauf zu achten, daß es keinem aus der Verwandtschaft unter die Augen komme.

Ob nun die Homosexualität der entscheidende Grund für Kleists Selbstzweifel und Selbstekel ist, kann dahingestellt bleiben. Sicher ist, daß er an sich selbst gelitten hat und deshalb lange Zeit auf einen Außenhalt gegen das prekäre eigene Innere nicht verzichten konnte.

Bis ins Jahr 1799 gibt ihm das Militär diesen Halt. Nach dem Gesetz des junkerlichen Herkommens war der Knabe von der Familie unter die preußischen Kadetten gesteckt worden. Doch schon als Siebzehnjähriger empfindet er diesen Außenhalt als Qual. Vom Feldzug der Koalition gegen das revolutionäre Frankreich schreibt er 1794 in einem Brief: »Gebe uns der Himmel nur Frieden, um die Zeit, die wir hier so unmoralisch töten, mit menschenfreundlicheren Taten bezahlen zu können.«

Als er 1799 gegen den Wunsch seiner Angehörigen die Militärlaufbahn abbricht, schreibt er an seinen ehemaligen Hauslehrer, er müsse einen Stand verlassen, »in welchem ich ... immer zweifelhaft war, ob ich als Mensch oder als Offizier handeln mußte; denn die Pflichten beider zu vereinen, halte ich bei dem jetzigen Zustande der Armee für unmöglich.«

Kleist verläßt das Militär, weil er seinen »Pflichten als Mensch« nachkommen will. Nicht von »Herzenswünschen« ist hier die Rede, sondern davon, daß er die »Menschheit« in sich ehren wolle. Auf das »Herz« mag er sich noch nicht verlassen. Nicht seiner Besonderheit, sondern einem »Allgemeinen« will er sich überlassen.

Er sucht Schutz bei den populären Aufklärungsideen der Selbstvervollkommnung, der Tugend und der Vernunft. Im Mai 1799 entwirft er einen »Lebensplan«, zu dessen gewissenhafter Einhaltung er sich anhält. »Ein freier, denkender Mensch«, schreibt Kleist im Mai 1799 an Ulrike, »bleibt da nicht stehen, wo der Zufall ihn hinstößt ... Er fühlt, daß man sich über das Schicksal erheben könne ... Er entwirft sich seinen Lebensplan ... Ein schönes Kennzeichen eines solchen Menschen, der nach sichern Prinzipien handelt, ist Konsequenz, Zusammenhang und Einheit in seinem Betragen. Das hohe Ziel, dem er entgegenstrebt, ist das Mobil aller seiner Gedanken, Empfindungen und Handlungen. Alles, was er denkt, fühlt und will, hat Bezug auf dieses Ziel, alle Kräfte seiner Seele und seines Körpers streben nach diesem gemeinschaftlichen Ziel. Nie werden seine Worte seinen Handlungen, oder umgekehrt, widersprechen.«

Gegen die *Fremdbestimmung*, wie er sie erfahren hatte, als man ihn ins Militär steckte, setzt er die *Selbstbestimmung*. Gegen die *Fremdbeherrschung*, die er dort erdulden mußte, setzt er die *Selbstbeherrschung*. Gegen die Abhängigkeit von *Zufall* und *Schicksal* setzt er den *Plan* der eigenen Vernunft. Gegen die *Vergeudung* von Lebenszeit setzt er ihre rastlose *Verwertung*, gegen das *Sichgehenlassen* die Arbeit der *Selbstvervollkommnung*. Der teleologische Optimismus dieses Programms soll gegen das schwankende, unverläßliche Innere, aus dem dunkle Sinnlosigkeitsgefühle aufsteigen, abschirmen.

Noch ehe Kleist literarische Werke hervorbringen wird, will er das eigene Leben zu einem in sich geschlossenen, gegen die Einbrüche der Sinnlosigkeit und des Zufalls abgedichteten *Werk* machen. Von nun an soll gelten: Ich bin, wozu ich mich gemacht haben werde.

Die Signatur der Sinnlosigkeit ist der Zufall. Der ehrgeizige Lebensplan will den *Zufall* entmachten. Nun aber ist das Leben selbst ihm »zugefallen«. Die frühverstorbenen Eltern haben ihn mit der Hypothek des Lebenmüssens belastet. Zugefallen ist ihm auch ein ungeliebter Körper; auch die Bewegungen des Herzens sind »Zufälle«. Das alles sind Geschehnisse, die mit ihm etwas anfangen. Er aber will die Initiative zurückbekommen. Er will selbst anfangen, noch einmal anfangen; es soll Schluß damit sein, daß andere etwas mit ihm anfangen. Der Lebensplan ist ein Programm gegen den skandalös zufälligen Anfang. Kleist will, was später auch der Sartresche Existentialismus anstrebt: selbst zu jener Macht werden, von der man sich abhängig weiß. Nach dem zufälligen Anfang, der ihn hat *sein lassen*, setzt er einen neuen, einen zweiten Anfang, von dem an er das blinde, unwillkürliche *Sein* durch das bewußte, absichtsvolle *Machen* zu ersetzen gedenkt.

Der Lebensplan ist beseelt vom Geist des Machens, und dazu gehört auch der energische Wille zur schrankenlosen Selbstbewirtschaftung mit dem Ziel, mehr aus sich herauszuholen. »Ich habe mir ein Ziel gesteckt«, so schreibt er an Ulrike, »das die ununterbrochene Anstrengung aller meiner Kräfte und die Anwendung jeder Minute Zeit erfordert, wenn es erreicht werden soll.« Der ›Lebensplan‹ ist der Versuch, sich gegen die Wechselfälle des ›Inneren‹ an einer ›objektiven‹ Vernunft festzuklammern und von ihr her das eigene Leben zu bestimmen. Er will sich zu dem ›machen‹, was ihm die Vernunft gebietet. In dieses Projekt bezieht er auch seine Verlobte ein. Auch aus ihr will er etwas ›machen‹, er will ihr Werkmeister sein: »Ja, Wilhelmine, wenn Du es mir gelingen lassen könntest, mir an Dir eine Gattin zu formen, wie ich sie für mich, eine Mutter, wie ich sie für meine Kinder wünsche ...«

»Konsequenz, Zusammenhang und Einheit« – diese Prinzipien des Lebensplanes sind formal. Welchen Stoff, welche Lebensmaterie sollen sie ergreifen?

Kleist beabsichtigt, das Wissen, die Wahrheiten der Wissenschaften zum Stoff seines Lebens zu machen. Die Ordnung des Wissens soll sich in die Ordnung seines Lebens verwandeln. Vorzugsweise beschäftigt sich Kleist mit der Mathematik und den Naturwissenschaften, also mit den Disziplinen des Wissens, die auf eine strikte Gesetzmäßigkeit hinführen. Die Ordnungen aber, die er »draußen« – in der Natur, in der Geschichte – erkennt oder zu erkennen glaubt, werden für ihn ganz im Stile des 18. Jahrhunderts sogleich zu Hinweisen, Orientierungen und Gleichnissen, die Antwort geben auf die Frage nach dem richtigen Leben. Weniger ein technisch-praktisches, sondern vor allem ein moralisches Interesse bindet ihn an die Wissenschaften. Wenn sich der praktisch-technische Zweck der Wissenschaft in den Vordergrund drängt, reagiert er mit Abscheu. Mit solcher ›Objektivität‹ will er nichts zu schaffen haben. Der innere Mensch müsse verarmen, wenn man Wissenschaft um des Profits, der Karriere, der technischen Wirksamkeit willen betreibt. Als Volontär bei einer technischen Regierungsdeputation in Berlin setzt er im Sommer 1800 seinen Vorgesetzten in Erstaunen, weil er auf die Frage, welchen »Effekt« eine bestimmte Maschine habe, die Funktionsweise und die ihr zugrundeliegende wissenschaftliche Gesetzmäßigkeit erläutert, nicht aber, was man zu hören wünscht, die Höhe des wirtschaftlichen Profits, den sie abwirft. Man drängt ihn, sein Wissen zu verwerten und sich in ein Zivilamt zu schicken. Man legt ihm nahe, sich Spezialwissen anzueignen. Das alles empfindet er als Zumutung. Es erschüttert seinen auf die moralische Bedeutung der Wissenschaft gestützten Lebensplan. Zusammenstürzen aber wird das Gehäuse dieses Planes erst durch jene Krise, für die Kleist seine Kant-Lektüre verantwortlich macht.

Kant habe sein Vertrauen in die Vernunft untergraben, behauptet er. Kant habe gezeigt, daß wir alles nur durch die Brille unserer Subjektivität sehen, und daß es folglich keine objektive Wahrheit geben könne. Natürlich liegt hier ein Mißverständnis der Kantschen Philosophie vor, denn Kant lag es fern, die objektive Welt als bloßes Produkt unserer Einbildungskraft auszugeben. Auch wollte er moralisch relevante metaphysische Gewißheiten durchaus nicht zerstören, nur bestritt er, daß man sie durch die theoretische Vernunft erlangen könne. Man solle sich, so lehrte Kant, was die moralisch-metaphysische Orientierung betrifft, besser auf die Intuition des Gewissens verlassen. Kleist aber hatte moralisch-metaphysische Sicherheit gerade in der Vernunft gesucht. Deshalb mußte Kant auf ihn wirken wie ein »Alleszermalmer«. Kants Philosophie war durchaus keine Philosophie der Verzweiflung, sie war es aber für Kleist. »Verwirrt durch die Sätze einer traurigen Philosophie, unfähig mich zu beschäftigen, unfähig irgendetwas zu unternehmen«, so beschreibt Kleist seinen Zustand am 21. 7. 1801 nach der Kantlektüre. Der Lebensplan, der ja auf die rettende Kraft des Wissens setzte, das dem Leben »Konsequenz, Zusammenhang und Einheit« geben sollte, bricht zusammen.

Der Lebensplan war nach dem Militärdienst der zweite, der selbstgewählte Außenhalt gewesen. Ein Außenhalt gegen das schwankende Innen. Jetzt wird er wieder auf dieses Innen zurückgeworfen und macht dabei eine bestürzende Erfahrung:

Da gibt es keine ›innere Realität‹, aus der heraus sich leben ließe, sondern, im Augenblick des Zusammenbruchs jedenfalls, nur eine Macht der Entleerung und Auflösung.

Das »Innen«, das sich in ihm auftut, ist eine einzige Turbulenz, die alles, was in ihren Sog gerät, irrealisiert. Nach außen ist das der Zustand der *Zerstreuung*, nach innen der Zustand der *Leere*.

»Ich bin untätig in meinem Zimmer umhergegangen, ich habe mich an das offene Fenster gesetzt, ich bin hinausgelaufen ins Freie, eine innerliche Unruhe trieb mich zuletzt in Tabagien und Kaffeehäuser, . . . um mich zu zerstreuen . . . Ich drückte mein Haupt auf das Kissen des Sofas, eine unaussprechliche Leere erfüllte mein Inneres, auch das letzte Mittel, mich zu heben, war fehlgeschlagen« (an Wilhelmine, 22. 3. 1801).

Nur wenn er mit sich alleine sei, könne er ganz »wahr« sein, hatte er vor diesem Zusammenbruch geschrieben.

Jetzt holt ihn diese »innere« Wahrheit auf grausame Weise ein: als Furie des Verschwindens. Was mit diesem Innengrund in Berührung kommt, löst sich auf und verliert seinen Lebenswert. Alle großen metaphysischen und sittlichen Ideen – höhere Gerechtigkeit, höhere Notwendigkeit, der Sinn der Geschichte, Fortschritt, Erlösung etc. – erweisen sich als Illusion, als etwas, das man sich bloß ›vorgemacht‹ hat.

Um sich selbst zu entkommen, reist er im Sommer 1801 nach Paris. Die Kutsche verunglückt. Das »gräßliche Geschrei eines Steinesels« hatte die Pferde scheu gemacht und durchgehen lassen; die Kutsche kippte um, Kleist blieb unversehrt, aber, so kommentiert er dieses Vorkommnis in einem Brief, »an ein Eselgeschrei hing ein Menschenleben? Und wenn es geschlossen gewesen wäre, *darum* hätte ich gelebt? *Das* wäre die Absicht des Schöpfers gewesen bei diesem dunklen, rätselhaften, irdischen Leben?« (an Wilhelmine, 21. 7. 1801)

Kleist hält es, auf sich selbst zurückgeworfen, nicht mehr bei sich aus. Er will wieder hinaus. Hinaus kommt man aber nur durch Handeln. Er will handeln, er sagt: »handeln ist besser als Wissen«. Aber eine sinnhafte äußere Ordnung, die dem individuellen Handeln einen über die eigene Person hinausgehenden Sinn verleiht, gibt es für ihn nicht mehr. Ihn quält ein paradoxer Zustand: in ihm wirke ein »heftiger Trieb zur Tätigkeit, und doch ohne Ziel«. Und andererseits: »Von ganzer Seele sehne ich mich, wonach die ganze Schöpfung und alle immer langsamer und langsamer rollenden Weltkörper streben, nach Ruhe!« (an Wilhelmine, 9. 4. 1801)

Kleist sucht nach einem verlangsamenden Handeln, das ihn gleichzeitig vor den sinnverlassenen komplizierten Handlungsketten der Gesellschaft schützt. Seine rousseauistisch inspirierte Idee: er will sich als Bauer in der Schweiz niederlassen: »Ein Feld bebauen, einen Baum pflanzen, ein Kind zeugen.«

Er will sich in einen überschaubaren Nahbereich einschließen. Er träumt davon, in den Naturkreislauf einzutreten. Die äußere und die innere Natur einfach wachsen zu lassen. Das ist der Traum einer Rückkehr in die vorkulturelle Sinnhaftigkeit der »natürlichen« Lebensvorgänge. Ein Traum der wiederhergestellten Unmittelbarkeit. Er muß alles fernhalten, was ihn aus diesem Traum aufwecken könnte. Das aber gelingt ihm nicht. Der gesellschaftliche Ehrgeiz reißt ihn aus dem Traum. Er hatte sich vom Ehrgeiz, der ihn an die gesellschaftliche Außenwelt ausliefert, losreißen wollen. An seine Verlobte hatte er, kurz vor der Ankunft in der Schweiz, geschrieben: »Ach, der unselige Ehrgeiz, er ist ein Gift für alle Freuden. – Darum will ich mich losreißen von allen Verhältnissen, die mich unaufhörlich zwingen zu streben, zu beneiden, zu wetteifern. Denn nur in der Welt ist es schmerzhaft, wenig zu sein, außer ihr nicht.«

Der Rückzug in die Schweiz war als Radikalkur gedacht. Er wollte lernen, »wenig zu sein«. Aber dieses Lernpensum ist zu schwer. Beim Versuch, sich von der gesellschaftlichen Außenwelt loszureißen, bemerkt er, wie tief sie in ihm steckt. Der Ehrgeiz, dort draußen etwas zu gelten, läßt ihn nicht los. Er verwickelt ihn auch am abgeschiedenen Ort in die Gesellschaft der Konkurrenz und des Geltungsdranges.

Er erträgt es nicht, daß die Familie ihn für einen Gescheiterten hält. Er hat sich vor den oft herablassenden Blicken der anderen verbergen wollen; aber er will nicht im verborgenen bleiben. Es soll der Augenblick kommen, da er strahlend hervortritt: als Triumphator, als Sieger. Nur ein halbes Jahr nach seiner Absage an den Ehrgeiz schreibt er an Wilhelmine: »Ihr Weiber versteht in der Regel ein Wort in der deutschen Sprache nicht, es heißt Ehrgeiz. . . . Kann ich nicht mit Ruhm im Vaterland erscheinen, geschieht es nie. Das ist entschieden, wie die Natur meiner Seele.«

Womit kann er Ehre einlegen, welche Talente hat er noch nicht genutzt?

Mit den Wahrheiten der Wissenschaft ist er nicht glücklich geworden. Wenn es keine Wahrheiten zu *finden* gibt, welche die Mühen lohnen, dann muß man sie eben *erfinden*.

Erfinden statt finden – Kleist entdeckt seine Berufung zum Dichter. Nach innen bedeutet das: Kleist folgt dem Gefühl, daß die Welt nur noch als ästhetisches Phänomen zu rechtfertigen sei. Und der äußere Sinn dieses Schrittes: Die Freunde und Verwandten haben seinen Rückzug in die Schweiz als sozialen Tod gewertet, er aber beweist ihnen: es wird eine Auferstehung geben, einen glänzenden Auftritt auf den Brettern, die die Welt bedeuten. Ein wilder Ehrgeiz, ein unbändiger Wille, als Sieger aus der Verborgenheit hervorzutreten, machen Kleist zum Dichter. Deshalb auch ist der agonale Zug in Kleists literarischem Schaffen so hervorstechend. Bei einem Wettbewerb unter Freunden in der Schweiz kommen ihm die besten Ideen. Er will überbieten, seine Kräfte messen, er will den Ruhm des Siegers. Stärker als der unmittelbare Ausdruckswille ist der Ehrgeiz, ein perfektes artifizielles Gebilde zu machen. Natürlich schirmt er seine Kunst nicht gegen sein Inneres ab. Aber er versteht es doch, den Kunstwillen dominieren zu lassen. Mit kühlem Kunstverstand nimmt er seine Leidenschaften und Obsessionen in Regie: sie müssen dem Werk und seiner öffentlichen Durchschlagskraft dienen. Daher das Forcierte, die Häufung von Effekten, das Schrille, das Grelle, das manchmal ins Kolportagehafte geht oder in unfreiwillige Komik umkippt. So etwa bei der ersten Tragödie, »Die Familie Schroffenstein«. Mit dem Werk ist er nicht zufrieden, gibt es aber trotzdem zur Veröffentlichung frei: als Vorgeschmack auf das große Werk, das er im Sinn hat.

Noch in der Schweiz faßt er den Plan zu einem Drama, das alles überbieten soll, was die dramatische Kunst in Deutschland bisher hervorgebracht hat: Er will die strenge Form und den überquellenden Lebensreichtum, er will eine hohe Idee und einen plastischen Realismus, seelische Abgründe und äußeres dramatisches Geschehen, kurz: er will Sophokles und Shakespeare zusammenzwingen; es soll etwas entstehen, das selbst Goethe und Schiller auf ihre Plätze verweist. »Robert Guiskard, Herzog der Normänner« soll das titanenhafte Werk heißen.

Kleist wird nicht damit fertig werden; 1803 in Paris wird er das Stück verbrennen.

Was sich davon erhalten hat (Kleist rekonstruierte später die Anfangsszenen), ist höchst bezeichnend. Das Stück, mit dem Kleist aus der Verborgenheit heraustreten und wieder *auftreten* wollte, umkreist obsessiv ein einziges Thema: *die Macht des Auftritts*. Da gibt es zunächst leidenschaftlich bewegte Volksszenen. Die Pest wütet im Heer der Normannen. Die Soldaten fordern, Robert Guiskard möge den Feldzug gegen Byzanz abbrechen und das Heer nach Hause führen. Es kommt zu lauten Zusammenrottungen vor dem Zelt Guiskards. Der aber zeigt sich nicht. Plötzlich kommt das Gerücht auf, Guiskard sei selbst von der Pest befallen. Man ruft nach ihm. Er erscheint nicht. Dafür treten sein Sohn und der Neffe auf. Der eine wiegelt das Volk auf, der andere versucht es zu besänftigen. Laute und leise Intrigen werden gesponnen. Immer noch hält Guiskard sich verborgen. Die Spannung wächst. Da endlich tritt Guiskard aus dem Zelt. Auf diesen Augenblick des Auftretens, es ist eine wahre Epiphanie der Macht, ist die ganze Szenenfolge berechnet. Kleist kostet es aus, was ein Auftritt bedeuten kann: daß danach nichts mehr so ist wie zuvor.

Jeder große Auftritt zerschneidet die Geschichte in ein Vorher und Nachher. Das »Vorher« wird szenisch entfaltet bis zum Auftritt Guiskards, dann bricht das Stück ab. Kleist konnte es nicht auf der Höhe des vielversprechenden großen Auftritts halten. Der Auftritt hatte zuviel versprochen. Das »Nachher« war ihm zu schwer. Aus Paris schreibt er 1803 an Ulrike:

»Ich habe nun ein Halbtausend hintereinanderfolgende Tage, die Nächte der meisten mit eingerechnet, an den Versuch gesetzt, zu so vielen Kränzen noch einen auf unsere Familie herabzubringen . . . Und so sei es denn genug . . . Töricht wäre es wenigstens, wenn *ich* meine Kräfte länger an ein Werk setzen wollte, das, wie ich mich endlich überzeugen muß, für mich zu schwer ist.«

Wie soll es weitergehen nach diesem Scheitern?

Rekapitulieren wir: Kleist hatte sein Inneres entdeckt als etwas, das ihn beglückend auszeichnet und zugleich ekelt und erschreckt. Es gewährt ihm keinen Halt. Er sucht Halt in einem metaphysisch abgesicherten Wissen und im Gehäuse eines Lebensplans. Das Gehäuse bricht zusammen. Übrig bleibt eine inwendige Leere. Die treibt ihn wieder hinaus ins Handeln, aber in ein Handeln »außer« der Welt, in der Schweizer Naturidylle. In dieser Weltlosigkeit stellt sich heraus, daß die Welt ihn fest im Griff hat – in Gestalt des Ehrgeizes. Als Dichter will er in der äußeren Welt wieder auftreten – mit einem Stück über die Macht des Auftritts. Er scheitert an dem Stück. Er kann sich dabei nicht verhehlen, daß er doppelt gescheitert ist. Er hat das Stück nicht fertiggebracht und er hat es nicht fertiggebracht, den Ehrgeiz zu überwinden. Nachdem der »Auftritt« mißlungen ist, will Kleist im Spätsommer 1803 ein für allemal verschwinden. Er will den »schönen Tod der Schlachten sterben«. Aber – und das ist auffällig – er sucht ihn nicht etwa in der preußischen Armee, sondern im französischen Heer unter Napoleon.

Er will sterben für die napoleonischen Franzosen, die er am meisten verachtet, die er die »Affen der Vernunft« nennt. Sie repräsentieren für ihn das schlimmste Außen, das sich denken läßt. Sie haben, so sieht er es, alle inneren Werte des Lebens ausgehöhlt durch ihren Rationalismus, ihren Ökonomismus, ihre Genußsucht und Oberflächlichkeit, kurz, durch ihre ganze Zivilisation.

Von seinem ersten Parisbesuch 1801 hatte er an Ulrike geschrieben: »O ich kann Dir nicht beschreiben, welchen Eindruck der erste Anblick dieser höchsten Sittenlosigkeit bei der höchsten Wissenschaft auf mich macht.«

Es ist fast so, als wolle Kleist sich dafür bestrafen, daß der Ehrgeiz ihn herausgelockt hat: jetzt befindet er sich wieder im Außen, ohne groß herausgekommen zu sein, jetzt will er im schlimmsten Außen, das für ihn Napoleon repräsentiert, untergehen. Kleist hatte zwei Jahre zuvor einmal geschrieben: »Ich will mich nicht mehr übereilen . . . denn ich verachte entweder alsdann meine Seele oder die Erde, und trenne sie.«

Nach dem doppelten Scheitern – Kleist empfindet sich als zu schwach für den großen Auftritt und als zu schwach, auf ihn verzichten zu können – findet er nichts mehr, das ihn davon abhalten könnte, die eigene »Seele« zu verachten. Die niederziehende Wirklichkeit um ihn herum, die »Erde« also, hat sich als stärker erwiesen. Und so will er sich wegwerfen an den für ihn schlimmsten Repräsentanten der »Erde«: an Napoleon.

Es kommt nicht dazu; er wird aufgegriffen, als Spion verdächtigt, gelangt aber doch irgendwie zurück nach Berlin. Die preußische Regierung läßt ihn nicht fallen, sie gibt ihm ein Verwaltungsamt in Königsberg.

Aber Kleist wird es Napoleon nicht verzeihen, daß er sich, im Augenblick des schlimmsten Selbstverlustes und der Selbstverachtung, an ihn hat wegwerfen wollen. Er wird diesen Napoleon mit rasendem Haß verfolgen. Aus der Ode »Germania an ihre Kinder« von 1809:

»So verlaßt, voran der Kaiser,
Eure Hütten, eure Häuser,
Schäumt, ein uferloses Meer,
Über diese Franken her!
. . .
Alle Plätze, Trift und Stätten
Färbt mit ihren Knochen weiß;
Welchen Rab und Fuchs verschmähten,
Gebet ihn den Fischen preis;
Dämmt den Rhein mit ihren Leichen;
. . .
Eine Lustjagd, wie wenn Schützen
Auf die Spur dem Wolfe sitzen!
Schlagt ihn tot! Das Weltgericht
Fragt euch nach den Gründen nicht!«

Das wegen seines fanatischen Franzosenhasses berüchtigte Theaterstück »Die Herrmannschlacht«, geschrieben 1809, ist eine einzige leidenschaftliche Verherrlichung des totalen Vernichtungskrieges.

Unter dem Schutz der politischen Gesinnung schwelgt Kleist in Vernichtungsphantasien, die unverständlich bleiben müßten, wenn man sie nur einem politischen Motiv, einer politischen Leidenschaft zuschreiben wollte. Kleist selbst muß das geahnt haben, denn er reimte: »Schlagt ihn tot! Das Weltgericht fragt euch nach den Gründen nicht.« Diese in die politischen Leidenschaften gemengten Zerstörungsphantasien machen aufmerksam auf ähnliche Imaginationen. Beispielsweise hat man häufig übersehen, daß Michael Kohlhaas mit einem Gefühl der Wollust stirbt, weil er noch mit seinem Tode Rache nehmen kann: Er richtet es so ein, daß sein Tod auch den verhaßten Kurfürsten von Sachsen ins Verderben stürzen wird.

Kein anderer Schriftsteller des 19. Jahrhunderts hat so lustvoll genau den Akt des Tötens dargestellt wie Kleist. Das gilt für die Schlußszene der »Penthesilea«, wo die Amazonenkönigin den geliebten Achill, nachdem sie ihn im Kampf getötet hat, mit den Zähnen zerfleischt. Das gilt für die Schilderung des Massakers im »Erdbeben von Chili«: »Doch Meister Pedrillo ruhte nicht eher, als bis er der Kinder eines bei den Beinen von seiner Brust gerissen und, hochher im Kreise geschwungen, an eines Kirchenpfeilers Ecke zerschmettert hatte . . . Don Fernando, als er seinen kleinen Juan vor sich liegen sah mit aus dem Hirne vorquellenden Mark, hob voll namenlosen Schmerzes seine Augen gen Himmel.«

In den Imaginationen seiner Dichtung hat Kleist nicht nur die Utopien der Versöhnung von Innen und Außen gestaltet, wie etwa im »Käthchen von Heilbronn« oder im »Amphytrion«; er hat nicht nur, wie in der »Marquise von O.«, die »schöne Anstrengung« beschrieben, die einen mit sich selbst bekannt macht und Kraft zur sanften Selbstbehauptung gegen eine ganz feindliche und von aberwitzigen Zufällen beherrschten Welt gibt; er hat nicht nur der schwärmerischen Todessehnsucht Ausdruck gegeben – er hat auch seinen Tötungsphantasien freien Lauf gelassen. Tötungsphantasien, die aus der Verfeindung nicht nur mit dieser oder jener Wirklichkeit, sondern am Ende aus der Verfeindung mit der Wirklichkeit überhaupt herrühren. Die Wirklichkeit gibt ihm keinen Halt mehr, und wenn er sich nicht in die Gestalten seiner Einbildungskraft hineinlegt, so gähnt ihn draußen und drinnen eine entsetzliche Leere an. Wenige Wochen vor seinem Tode schreibt er an Marie von Kleist: »So geschäftig dem weißen Papier gegenüber meine Einbildung ist, und so bestimmt in Umriß und Farbe die Gestalten sind, die sie alsdann hervorbringt, so schwer, ja ordentlich schmerzhaft ist es mir, mir das, was wirklich ist, vorzustellen.«

Das Ende naht, als Kleist befürchten muß, daß ihm als Dichter nichts mehr einfällt, daß auch die Einbildungskraft, dieser letzte Halt, versiegen könnte. Von diesem Augenblick an sucht Kleist in den Berliner Salons nach einer Frau, die mit ihm zusammen in den Tod gehen will. Man muß genau sein: Kleist hat nach einer Person gesucht, die sich von ihm töten läßt, ehe er selbst Hand an sich legt. Als er schließlich in Henriette Vogel diese Person gefunden hat, schreibt er triumphierend an Marie von Kleist (an die er zuvor dasselbe Ansinnen gestellt hatte): er habe eine Freundin gefunden, »die mir unerhörte Lust gewährt, sich ... so leicht aus einer ganz wunschlosen Lage, wie ein Veilchen aus einer Wiese, herausheben zu lassen«.

Wie bei Kohlhaas wirkt auch bei Kleist in der Wollust des Sterbens noch ein geheimes Rachemotiv. Er nimmt Rache am Leben, diesem »verächtlichen Ding«, indem er den Triumph auskostet, nicht nur das eigene Leben, sondern auch das Leben eines anderen »wegwerfen« zu können.

Als Kleist im napoleonischen Heer den Tod suchte, empfand er das als ein Scheitern. Er wollte die verachtete »Seele« an die verachtete »Erde« wegwerfen. Jetzt aber schreibt er an Marie von Kleist: »Mitten in dem Triumphgesang, den meine Seele in diesem Augenblick des Todes anstimmt, muß ich noch einmal Deiner gedenken ...«

Kleists Triumph im Tode – woher bezieht er die Selbstgewißheit, die seiner »Seele« gegen die »Erde« recht gibt? Woher diese die Erdenschwere überfliegende Leichtigkeit des »fröhlichen Luftschiffers«, wie er sich in einem seiner letzten Briefe nennt? Diese Selbstgewißheit kommt aus der Kraft der *Imagination.* Denn erst nach dem Scheitern von 1803 hatte er seine wichtigsten Werke geschrieben. Die neue Selbstgewißheit aber bezog er nicht aus dem äußeren Erfolg des Schreibens, der stellte sich ja gerade nicht im erhofften Maße ein. Im Gegenteil: es trug zu seiner Verzweiflung bei, daß er sich von der literarischen Öffentlichkeit unter Wert behandelt fühlte.

Es geht um eine innere Selbstgewißheit, die sich auf nichts anderes stützen kann, als auf die entrückende Kraft der ästhetischen Einbildungskraft. Es geht um die einfache und doch so rätselhafte Erfahrung, daß es möglich ist, im Inneren Wirklichkeiten zu erzeugen, die ihren von innen erlebten Wirklichkeitscharakter auch dann nicht verlieren, wenn ihnen im Äußeren wenig oder gar nichts entspricht. Deshalb nannte Kleist einmal die Dichtung eine »göttliche Kunst«.

Die Einbildungskraft hatte ihre Stärke im dichterischen Schaffen erprobt. In den letzten Tagen vor dem Tod ist Kleist so heiter, weil er das ganze Sterben in ein Werk seiner Einbildungskraft, in ein »ästhetisches Projekt« (K. H. Bohrer) umformt. Der Doppelselbstmord wird wirklich wie ein Werk inszeniert. Und wie auch sonst bei einem ›Werk‹, denkt Kleist an die Wirkung auf das Publikum.

Er stellt sich vor, wie sein Tod auf die Freunde wirken wird. An Marie von Kleist schreibt er: »Erst, wenn ich tot sein werde, kann ich mir denken, daß sie mit dem vollen Gefühl ihrer Freundschaft zu mir zurückkehren werden.« Er stellt sich auch genußvoll vor, wie die Angehörigen der Henriette trauern werden. Mit Henriette zusammen stellt er sich vor, wie man sie beide finden wird, »auf dem Wege nach Potsdam, in einem sehr unbeholfenen Zustande, indem wir erschossen da liegen ...«

Die letzten Augenblicke sind so beschwingt, weil in ihnen die Einbildungskraft Regie führt. Sie hat die absolute Macht ergriffen, ist stärker als jene »erdhafte« Wirklichkeit in uns, die nicht sterben will.

Aber sie verlangt nach beglaubigenden Zuschauern. Abwesenden Zuschauern: deshalb die zahlreichen Abschiedsbriefe, die die Adressaten gewissermaßen zu Zeugen machen. Anwesende Zuschauer: deshalb richten es die beiden so ein, daß sie fast unter den Augen ihrer Wirtsleute in den Tod gehen.

Am 20. November 1811 fahren Kleist und Henriette Vogel an den Kleinen Wannsee hinaus. Nehmen Quartier in einem Gasthaus. Verlangen Licht und Schreibzeug auf ihre Zimmer. Sie schlafen getrennt. Henriette hat die Zwischentür verschlossen. Am anderen Tag scherzen sie miteinander. Kleist springt über die Bretter der Kegelbahn. Am Nachmittag lassen sie sich auf einer Anhöhe in unmittelbarer Nähe des Gasthauses ein Tischchen aufstellen und Kaffee servieren. Kleist bittet die Wirtsfrau um einen Bleistift. Als diese mit dem Verlangten zurückkehrt, hört sie zwei Schüsse. Auf der Anhöhe findet sie die beiden tot. Henriette auf dem Rücken liegend, Kleist vor ihr zusammengesunken, der Kopf dicht an ihrem rechten Bein. Am Boden zwei Pistolen.

Dieses Schlußtableau ist Kleists letztes Werk. Es ist ein Werk, das zugleich ganz innerlich und ganz äußerlich ist. Es ist innerlich, denn im Sterben will Kleist auf eine nicht mehr überbietbare Weise zu sich selbst kommen. Die Macht des Äußeren ist gebrochen, weil er sich selbst den Tod gibt. Zugleich aber triumphiert die Macht des Äußeren. Denn was vom ›Verfasser‹ dieses letzten Werkes, der Inszenierung des Selbstmordes, übrigbleibt, wird zur Beute der Obduktionsärzte. Ihr trokkener Kommentar lautete: »Die Leber war widernatürlich groß . . . die Substanz derselben war widernatürlich fest und ließ sich nur mit Mühe zerschneiden, wobey viel schwarzes Blut herausfloß. Vorzüglich groß war auch die Gallenblase, sie enthielt viel verdikte Galle.«

Nietzsche

I

Nietzsche hatte es als eine seiner Lebensaufgaben angesehen, in die »Unterwelt des Ideals« hineinzuleuchten; in die Werkstätten der Illusionen und Einbildungen wollte er das Licht der Aufklärung tragen; Werkstätten, die der platonischen Höhle gleichen, wo die gefesselten Menschen, von der wahren Wirklichkeit abgesperrt, an Schattenbilder glauben und sich um ihr Lebendigsein betrügen.

Das platonische Höhlengleichnis erzählt von einem Aufstieg: Wir befinden uns in einem dunklen Verlies. Hinter uns brennt ein Feuer, noch weiter hinten befindet sich die Öffnung ins Freie. Wir sind angebunden, können den Kopf nicht wenden, blicken auf die gegenüberliegende Wand. Dort verfolgen wir das Schattenspiel der Gegenstände, die hinter uns vor dem Feuer vorbeigetragen werden. Könnten wir uns umdrehen, sähen wir die wirklichen Gegenstände und das Feuer; wären wir gar frei und stiegen aus dem Verlies heraus, kämen in die Sonne, dann erst wären wir in der Wahrheit. Wahrheit ist: aus den dunklen Verliesen herauszukommen und ins Sonnenlicht zu treten.

Nietzsches Zarathustra kommt aus der Höhle, aber er tritt nicht in die Sonne; er ist selbst eine Sonne, die »aufgehende Morgensonne«. Er kommt nicht in ein wahres Sein, sondern er bringt dieses wahre Sein. Er wird nicht nur von einer Wahrheit erleuchtet, er *ist* die verkörperte Wahrheit, die die anderen erleuchten soll. Der lichtvolle Zarathustra ist einsam, denn alle Menschen, die ihm begegnen, stehen unter ihm. Er kann ihnen nur predigen, er kann das Leben mit ihnen nicht *teilen*. Nietzsches Zarathustra kommt aus der Höhle heraus, aber Nietzsche selbst bemerkt gegen Ende seines wachen Lebens, daß er tiefer denn je in eine Höhle hineingeraten ist. »Aus mir«, schreibt er im Februar 1888, »ist unvermerkt ... selbst etwas wie eine Höhle geworden – etwas Verborgenes, das man nicht mehr findet, selbst wenn man ausgienge, es zu suchen. Aber man geht nicht darauf aus ...«

In einer seiner letzten Aufzeichnungen vor dem Zusammenbruch schreibt er: »Ich bin die Einsamkeit als Mensch ... Daß mich nie ein Wort erreicht hat, das *zwang* mich, mich selber zu erreichen«.

Jeder will sich selbst »erreichen«, aber Nietzsche kann nicht anders, als diese Selbstfindung in ein weltgeschichtliches Ereignis umzudeuten. Mit Schattenbildern ohnegleichen erfüllt Nietzsche seine Höhle, in der er gefangensitzt. »Ich kenne mein Loos« schreibt er im »Ecco homo«, »Es wird sich einmal an meinen Namen die Erinnerung an etwas Ungeheures anknüpfen, – an eine Krisis, wie es keine auf Erden gab, an die tiefste Gewissens-Collision, an eine Entscheidung heraufbeschworen *gegen* Alles, was geglaubt, gefordert, geheiligt worden war. Ich bin kein Mensch, ich bin Dynamit ... Meine Wahrheit ist *furchtbar*: denn man hiess bisher die *Lüge* Wahrheit. – *Umwerthung aller Werthe*: das ist meine Formel für einen Akt höchster Selbstbesinnung der Menschheit, der in mir Fleisch und Genie geworden ist ... Ich widerspreche, wie nie widersprochen worden ist und bin trotzdem der Gegensatz eines neinsagenden Geistes. Ich bin ein *froher Botschafter*, wie es keinen gab, ich kenne Aufgaben von einer Höhe, daß der Begriff dafür bisher gefehlt hat; erst von mir an giebt es wieder Hoffnungen. Mit Alledem bin ich nothwendig auch der Mensch des Verhängnisses. Denn wenn die Wahrheit mit der Lüge von Jahrtausenden in Kampf tritt, werden wir Erschütterungen haben, einen Krampf von Erdbeben, eine Versetzung von Berg und Thal, wie dergleichen nie geträumt worden ist. Der Begriff der Politik ist dann gänzlich in einen Geisterkrieg aufgegangen, alle Machtgebilde der alten Gesellschaft sind in die Luft gesprengt – sie ruhen allesamt auf der Lüge: es wird

Kriege geben, wie es noch keine auf Erden gegeben hat. Erst von mir an giebt es auf Erden *grosse Politik.*«

Diese rasenden Sätze schreibt Nietzsche in seinem kleinen Zimmerchen in der Wohnung des Herrn David Finio, Turin. Das Haus der Finios liegt im historischen Zentrum der Stadt, dem grandiosen Palazzo Carignano gegenüber, in der Nähe das Theater, wo zu Nietzsches Entzücken »Carmen« gespielt wird – ganz Turin sei »carmenizzato«, berichtet er – und in der Nähe der Post, wo Nietzsche seine Nachrichten an die Welt absendet. In keiner Lebensphase hat der Höhlenbewohner Nietzsche so viele Briefe geschrieben wie in diesen letzten Monaten in Turin. Er besucht das Café Nationale, wo in Räumen, die ihn an Monte Carlo erinnern, Konzerte gegeben werden. Nietzsche bereitet sich auf große Auftritte vor. Bisher hatte er sich, unter Aufsicht der Mutter, in Naumburg die Anzüge schneidern lassen. Jetzt sucht er einen stadtbekannten Turiner Schneider auf, der ihm etwas Elegantes verpaßt. Er läßt sich auch einen teuren seidengefütterten Paletot aufschwatzen. Obwohl extrem kurzsichtig, wagt er sich ohne Brille auf die Straße. Er will noch einmal, oder besser: zum erstenmal jung erscheinen. Mit Genugtuung bemerkt er, daß sich auf der Promenade junge Frauen nach ihm umblicken. Die Obstverkäuferin auf dem Marktplatz behandelt ihn zuvorkommend, glaubt er. An Meta von Salis schreibt er am 29. Dezember 1888, eine Woche vor dem Zusammenbruch: »Das Merkwürdigste ist hier in Turin eine vollkommene Fascination, die ich ausübe – in allen Ständen. Ich werde mit jedem Blick wie ein Fürst behandelt, – es giebt eine extreme Distinktion in der Art, wie man mir die Thür aufmacht, eine Speise vorsetzt. Jedes Gesicht verwandelt sich, wenn ich in ein großes Geschäft trete.«

Am 15. Oktober 1888 hatte Nietzsche mit der Niederschrift des »Ecce homo« begonnen. Es war sein Geburtstag und außer Peter Gast hatte ihm kein Mensch gratuliert. Offenbar hatte die Welt ihn vergessen. Um so schlimmer für die Welt, denn sie wird von ihm in die Luft gesprengt. Nichts wird mehr sein wie zuvor, wenn er, wie Zarathustra, aus seiner Höhle tritt . . .

In den Aufzeichnungen vom Oktober 1888 findet sich der Satz: »Das höchste Gesetz des Lebens, von Zarathustra zuerst formuliert, verlangt, daß man *ohne Mitleid* sei mit allem Ausschuß und Abfall des Lebens, daß man vernichte, was für das aufsteigende Leben bloß Hemmung, Gift, Verschwörung, unterirdische Gegnerschaft sein würde, – . . . Es ist unmoralisch, es ist *widernatürlich* im tiefsten Verstande zu sagen: ›du sollst nicht tödten!‹«

Nietzsche träumt in seiner Einsamkeit von einer weltgeschichtlichen Bühne, auf der er die Ausrottung des lebensunwerten Lebens befehlen kann. Die Nazis, die diese Träume in die Tat umsetzen, werden sich dabei auf Nietzsche berufen.

Nietzsche selbst wird, wenige Wochen nachdem er diese grausigen Sätze gegen das Mitleid und für den Mord geschrieben hat, aus seiner Wohnung heraustreten und auf der Piazza Carlo Alberto beobachten, wie ein Droschkenkutscher auf sein Pferd einschlägt. Weinend wirft Nietzsche sich dem Tier an den Hals, es zu schützen. Von Mitleid überwältigt, bricht der Philosoph der Macht zusammen. Das ist das Ende von Nietzsches geistiger Existenz.

Wie aber war es zu dieser Philosophie der Grausamkeit und der Vernichtung, die doch als Philosophie des Lebens begonnen hatte, gekommen? Was hat den Philosophen des »hohen Mittags« in die weltlose Höhle seiner Imaginationen getrieben, wo er dann sich zwar als »Weltschicksal« empfinden, aber nicht mehr zur »Welt« zurückkehren konnte? Am Ende ist Nietzsche mit Leib und Leben in jene Bilder gestürzt, in die er sich hineingedacht, hineinphantasiert hatte. Es waren dies aber zuletzt Bilder des Zerstörens, des Vernichtens, der Härte und der Macht.

Nietzsche hat sich in seine Katastrophe hineingedacht. Seine Art zu denken war sein Schicksal. Nietzsche wollte das

Leben finden mit Hilfe des Denkens, und hat dabei ein Denken erfunden, welches das Leben verwüstet.

II

Der sechzehnjährige Friedrich Nietzsche, im evangelischen Pfarrhaus groß geworden, erzogen von der frömmelnden, bigotten Mutter und ähnlich gesinnten Tanten, eine Kindheit im kleinbürgerlichen Naumburger Milieu, zur Zeit als strebsamer Schüler im hochangesehenen Internat Schulpforta untergebracht, Familie und Lehrer rechnen mit einer theologischen Laufbahn des Zöglings, dieser Friedrich Nietzsche, der den Geist der Zeit begierig in sich aufsaugt, verfaßt 1861 »privatim« einen Aufsatz, den er nicht seinen Schuloberen vorzulegen wagt, aber einer Zeitschrift anbietet. Der Titel: »Fatum und Geschichte«.

Er hadert mit dem Christentum, unter dessen Erziehungsmacht er steht; er schreibt sich seinen Weltschmerz von der Seele und er hält Ausschau nach Wegen, die ins Freie führen. Er will noch einmal anders, neu zur Welt kommen, ein neuer Mensch will er werden. Dazu ermuntert er sich, dafür legt er sich eine neue Weltanschauung zurecht. Diese neue Weltanschauung, die ihm helfen kann, liegt in der Luft, er braucht sie nicht zu erfinden.

Nietzsche: »Daß Gott Mensch geworden ist, weist nur darauf hin, daß der Mensch nicht im Unendlichen seine Seligkeit gründen soll, sondern auf der Erde seinen Himmel gründe; der Wahn einer überirdischen Welt hatte die Menschengeister in eine falsche Stellung zu der irdischen Welt gebracht«.

Das ist Religionskritik als Entfremdungskritik, wie sie seit Feuerbach, vom Ansatz her aber schon seit Hegel aufgekommen ist. Der erste Schritt dieser Kritik ist: man entdeckt, daß es der eigene menschliche Geist ist, der die Religion hervorbringt. Die Religion ist also eine verhimmelte Gestalt der menschlichen Wesenskräfte. Der zweite Schritt der Religionskritik: sie analysiert die Kräfte des Vergessens. Wir »vergessen« nämlich, daß wir die Religion selbst gemacht haben. Dieses »Vergessen« läßt das Eigene, das Selbstgemachte uns fremd werden, als käme es von außen, von oben über uns, und nicht, wie es doch der Fall ist, aus uns. Das ist – für die Religionskritik – der eigentliche Vorgang der Entfremdung: statt sich als Schöpfer zu fühlen, lassen wir uns von den eigenen Geschöpfen, den religiösen Vorstellungen, unterdrücken.

Worin besteht diese Unterdrückung? Darauf antwortet die Religionskritik mit ihrem dritten Schritt: vor den Gefahren und Verlockungen des Diesseits entweicht man in ein eingebildetes Jenseits. Man blickt zum Himmel empor, statt die Erde in einen Himmel zu verwandeln.

Dieser damals gängigen Religionskritik entlehnt der junge Nietzsche auch den Gedanken, daß die Menschwerdung Gottes in Christus uns an die Erde als den Ort des Heils verweist. Es ist ein Gedanke, der sich in D. F. Strauss' »Das Leben Jesu« findet, einem Bestseller jener Jahre. Später wird Nietzsche über Christus anders denken, aber die Grundtendenz der Argumentation dieses frühen Aufsatzes bleibt erhalten bis zum Ende. Der junge Nietzsche sagt: man soll seinen Himmel auf der Erde gründen, und später wird Nietzsches Zarathustra fordern: »Bleibet der Erde treu!«

Nun läßt sich sehr Verschiedenes darunter verstehen, wenn man den Himmel auf die Erde herunterziehen will. Die Metaphorik ist vielsagend. Das Herunterkommen auf die »Erde« – das bedeutet für Marx, sich als gesellschaftliches und arbeitendes Wesen zu begreifen. Für Heine und Feuerbach bedeutet es, die menschliche Sinnlichkeit und die Bedürfnisse des Leibes hochzuschätzen. Für die Darwinisten bedeutet es, an die Höherentwicklung durch die Evolution zu glauben.

Was es für den jungen Nietzsche bedeutet, läßt sich nur erahnen: wenn er zur »Erde« herunterkommen will, so will er der Enge, der Prüderie und den Demutshaltungen der Naumburger Pfarrhausmoral entkommen. Er träumt von Paris, von

Soireen und Bällen, möchte über Boulevards flanieren, in Straßencafés Champagner trinken, den Kokotten zulächeln.

Nietzsche ist überzeugt: das Leben selbst gebietet, *Lasten abzuschütteln.* Dann erst kann es sich in seiner Wahrheit zeigen. *Unser Leben hier und jetzt ist alles, es steckt nicht mehr dahinter* – schon der sechzehnjährige Nietzsche bekehrt sich zu dieser Einsicht.

Der herrschende Zeitgeist ist mäßig optimistisch. Wenn man das Leben zu seiner eigenen Dynamik ermuntert, wird es Fortschritte machen. Das Leben ist ein Grund, der uns trägt. Aber – ist es nicht vielleicht auch ein Abgrund?

Der Verdacht, es könnte so sein, taucht schon in dem Aufsatz »Fatum und Geschichte« in der tragisch eingefärbten Vision des »spielenden Weltkindes« auf, die im späteren Werk Nietzsches große Bedeutung gewinnen wird.

»Der Vorhang fällt, und der Mensch findet sich wieder, wie ein Kind mit Welten spielend, wie ein Kind, das beim Morgenglühen aufwacht und sich lachend die furchtbaren Träume von der Stirn streicht.«

Es sind die »furchtbaren Träume«, daß das Leben ein sinnverlassenes Treiben ist, ein Abgrund, wo es keinen Halt gibt. Und aus diesem Alpträumen erlöst uns nicht etwa die Idee der Arbeit und des Fortschritts; das einzige, was uns über diesem Abgrund hält, ist das *Spiel.*

Noch spielt der junge Nietzsche mit dem Gedanken des »Weltspiels« als einziger Sinnmöglichkeit überm Abgrund des sinnverlassenen Lebens. Aber *daß* er mit diesem Gedanken wenigstens spielt, zeigt, daß in ihm der Verdacht des Abgründigen rege wird.

1866, inzwischen Student der Altphilologie in Leipzig, hat Nietzsche sein Schopenhauer-Erlebnis. Bei Schopenhauer lernt er, was das heißt, wirklich mit allen Jenseitsvorstellungen und aller Transzendenz aufzuräumen: dem Leben die Würde des Heiligen, jenen Rest Religiosität, zu entziehen. Die Welt ist »Wille«, ein unendliches Begehren, ein Fressen und Gefressenwerden, gänzlich sinnverlassen. Nur unsere »Vorstellungen« projizieren »Sinn« in diese Vorgänge. Vor dem illusionslosen Blick Schopenhauers können sich diese Projektionen nicht halten. Die Ersatzgötter, die das diesseitige Leben heiligen sollen, werden zerstört. Es bleibt der Abgrund eines Weltwillens, der durch uns hindurchgeht, und der kein höheres Ziel, keinen Sinn kennt, sondern nur sich selbst will, sinnverlassen und ziellos, aber mächtig, übermächtig sogar. Bei Schopenhauer findet Nietzsche jenes Abgrundbild des Lebens, dessen Umrisse er bereits ahnte, als er sich der Vision des »spielenden Weltkindes« hingab.

An Schopenhauer bewundert er das »männliche Standhalten« – trotz illusionsloser Einsicht ins Furchtbare. Je mehr er über diese Haltung Schopenhauers nachdenkt, um so deutlicher wird ihm: daß man dem Leben als etwas Furchtbarem ins Auge sehen kann, daß man es – theoretisch – verneinen kann, daß aber in diesem Mut, der alle Tröstungen abweist, eine besonders raffinierte, weil uneingestandene Bejahung des Daseins liegt. Nietzsche entdeckt bei Schopenhauer einen Selbsttäuschungskunstgriff: Schopenhauer habe die Lebensmächte, die ihn ans Dasein fesselten – Philosophie, Kunst, Weisheit – so uminterpretiert, daß er sie als Mächte der Lebensverneinung ausgeben könne, was sie aber nicht seien. Im Gegenteil, sagt Nietzsche, in ihnen ereignet sich die Feier des Lebens . . .

Die »Feier des Lebens« – darum wird von nun an Nietzsches Denken kreisen. Die metaphysische und religiöse Überwelt hat er, dem »Leben« zuliebe, abgeworfen. Die optimistische, fortschrittsgläubige, behagliche Lebensfrömmigkeit hat er als religiöse Schrumpfform, eben als Diesseitsreligion durchschaut. Mit Schopenhauer hat er im Leben den dunklen Abgrund erblickt, ist Pessimist geworden. Aber er will auch Schopenhauer überbieten. Er will etwas Paradoxes: er will das unerträgliche Leben in eine unendliche Leidenschaft verwandeln, ohne Flucht in ein Jenseits, auch nicht in das Jenseits der Verneinung. Die Formel für diese Haltung lautet: *dionysischer Pessimismus*.

III

Nietzsches erstes großes Buch, »Die Geburt der Tragödie« (1872), gibt eine Beschreibung dieser Haltung.

»Wir sollen erkennen, wie alles, was entsteht, zum leidvollen Untergange bereit sein muss, wir werden gezwungen in die Schrecken der Individualexistenz hineinzublicken – und sollen doch nicht erstarren: ein metaphysischer Trost reisst uns momentan aus dem Getriebe der Wandelgestalten heraus. Wir sind wirklich in kurzen Augenblicken das Urwesen selbst und fühlen dessen unbändige Daseinsgier und Daseinslust; der Kampf, die Qual, die Vernichtung der Erscheinungen dünkt uns jetzt wie nothwendig, bei dem Übermaass von unzähligen, sich in's Leben drängenden und stossenden Daseinsformen, bei der überschwenglichen Fruchtbarkeit des Weltwillens; wir werden von dem wüthenden Stachel dieser Qualen in demselben Augenblicke durchbohrt, wo wir gleichsam mit der unermesslichen Urlust am Dasein eins geworden sind und wo wir die Unzerstörbarkeit und Ewigkeit dieser Lust in dionysischer Entzückung ahnen. Trotz Furcht und Mitleid sind wir die Glücklich-Lebendigen, nicht als Individuen, sondern als das *eine* Lebendige, mit dessen Zeugungslust wir verschmolzen sind.«

Nietzsche schreibt dieses Buch als junger Baseler Professor der Altphilologie. Aber er verschanzt sich nicht hinter wissenschaftlicher Objektivität. Er wagt eine Art öffentlichen Selbstversuch – unternommen vor allem vor den Augen des befreundeten und bewunderten Richard Wagner. Er verläßt den gesicherten altphilologischen Boden und bringt sich selbst auf die Bühne. »Das Risquirte und Phantomatische in der Existenz« soll es sein. Nietzsche »riskiert« einen öffentlichen Selbstentwurf – im historischen Kostüm.

Das Buch gibt vor, eine Untersuchung über die Grundlagen der griechischen Kultur zu sein. Nietzsche deckt zwei Dimensionen auf: das Dionysische und das Apollinische. Zunächst handelt es sich hier lediglich um Kunststile. Apollinisch ist die strenge Form, die Plastizität, das Ebenmaß. Dionysisch ist die Auflösung der strengen Form in Bewegung, ist Musik, ist Überschwang. Es soll ein Wechselspiel, ja sogar einen Kampf zwischen diesen beiden Prinzipien gegeben haben. Am Anfang steht das Dionysische, gestaltlos, lebendig, fließend. Der apollinische Gestaltungswille gibt Form, Grenze, Umriß, Bestimmtheit. Aus dem endlosen Geschehen des Unbestimmten wird die Dauer des Bestimmten. Aus Musik wird Sprache und dann sogar Stein. Bezogen auf die griechische Tragödie heißt das: am Anfang war der Chor, war Musik, war expressives Überfließen. Zur Selbstdisziplinierung und um Halt zu gewinnen, erfand der Chor sich Handlung, handelnde Personen, die auf einer Vordergrundbühne agierten. Das ist die wache Welt des Wirklichen, sie ist aber nur ein Traum der unergründlichen Lebenskraft, die der Chor repräsentiert.

Doch Nietzsche bleibt nicht bei einer solchen kulturgeschichtlichen Rekonstruktion stehen. Er verwandelt die ästhetischen Prinzipien des Apollinischen und Dionysischen unter der Hand in metaphysische und existentielle. Das Dionysische wird mit dem All-Leben gleichgesetzt, das die unendliche Gestaltenfülle des Lebendigen hervortreibt und im steten Stirb und Werde wieder in sich zurücknimmt. Das Dionysische ist deshalb tragisch, aber voller Lebenskraft und Lebensmut. Das Dionysische liegt noch unterhalb der Grenzen des Individuellen. Es unterspült das Individuum, das sich mit seinen Vernunft- und Moralbegriffen einfriedet und zu behaupten versucht. Das Prinzip des Individuellen ist das Apollinische. Dem Dionysischen gegenüber ist das Individuelle mit seiner Vernunft und Moral nur eine »Erscheinung«, es schwimmt an der Oberfläche. Das Dionysische, das Leben also, kennt keine

Moral und Vernunft, es schafft aus einem Übermaß an Kraft die Formen des Lebendigen und zerbricht sie. Den Zugang zum Dionysischen, so Nietzsche, bereitet nicht die Vernunft, sondern eine Art »Rausch« – ein Zustand eines eben nicht durch Reflexion gebrochenen Beisichseins. Im Rausch und im Spiel der Kunst tauchen wir ein in das flutende Element des Lebendigen. Das Leben ist ein sinn- und zweckloses Spiel von Kräften und Energien. Als dionysisches Phänomen offenbart es uns »immer von neuem . . . das spielende Aufbauen und Zertrümmern der Individualwelt als den Ausfluß einer Urlust . . ., in einer ähnlichen Weise, wie wenn von Heraklit dem Dunklen die weltbildende Kraft einem Kinde verglichen wird, das spielend Steine hin und her setzt und Sandhaufen aufbaut und wieder einwirft«. Hinter der Konzeption steht deutlich Schopenhauer. Dionysos ist die Welt des allem zugrundeliegenden »Willens«, und Apoll ist für die individuelle »Vorstellung« zuständig. Bei Schopenhauer ist das Willensgeschehen etwas Grausames, Quälendes, Mühsames, etwas, dem man sich gerne entziehen würde, wenn man nur könnte. Bei Nietzsche aber wird das Willensgeschehen zum »Weltspiel«. Es wird zum »Weltspiel«, weil es unter der Perspektive des Ästhetischen erlebt wird.

Nietzsche nimmt eine ganze Reihe von Identifikationen vor: aus dem Kunstprinzip Dionysos wird ein Weltprinzip: der in sich spielende Willenskosmos. Und dieses Weltprinzip, das auch das Fernste noch erfassen soll, verwandelt sich in ein Prinzip der nächsten Nähe: es wird zu dem, was Nietzsche seine »innerste Erfahrung« nennt.

Das ganze Buch kommt höchst spekulativ daher, aber es spekuliert sich nicht in eine Ferne hinaus, sondern hinein in die heiße Zone der eigenen Existenz. Nietzsche erfaßt im Prinzip des Dionysos jenes Leben, das er in sich spürt und das ihm zugleich fehlt, das er deshalb finden und erfinden will. Selten ist mit solchem Furor aus der Ferne in die nächste Nähe hineingedacht worden. Das ›Leben‹, das Nietzsches Denken obsessiv umkreist, ist eine Mischung aus Pariser Boulevard, Richard Wagners Tristan und römischem Karneval.

Nietzsche, der schreibend zu sich selbst kommen will – »werde der du bist!« –, schreibt sich um Kopf und Kragen. Denn die philologische Zunft hat ihrem anfangs gehätschelten Wunderkind dieses Buch nicht verziehen. Nietzsches ehemaliger Lehrer und Förderer, Professor Ritschl, über das Tragödienbuch: »geistreiche Schwiemelei«. Und der junge Wilamowitz-Moellendorff, später Papst der Altphilologie, veröffentlicht 1873 unter dem Titel »Zukunftsphilologie!« einen vernichtenden Verriß, der mit den Sätzen endet: »halte hr. N. wort, ergreife er den thyrsos, ziehe er von Indien nach Griechenland, aber steige er herab vom katheder, auf welchem er wissenschaft lehren soll; sammle er tiger und panther zu seinen knien, aber nicht Deutschlands philologische jugend.«

Über Nacht büßt Nietzsche seinen philologischen Ruf ein. Man wird auf den stillen Gewässern der Philologie nicht ungestraft zum Psychonauten. Die Studenten in Basel laufen ihm davon. Dafür wird er im Hause Wagner zu Triebschen gefeiert. Richard Wagner findet sich im Bilde des Dionysos ganz gut getroffen. Nietzsche aber hatte auch sich selbst porträtieren wollen, das aber entgeht dem großen Egomanen. Nietzsche hatte sich auf die dionysische Gewalt des Lebens eingelassen – aus der mäßig riskanten Optik des schriftstellernden Ästhetentums. Doch aus dem Spiel wird Ernst, weil er die sozialen Folgelasten dieses Auftrittes zu tragen hat: für die Gelehrtenwelt ist er »gestorben«, in Basel bleiben die Schüler seinen Vorlesungen fern. Seine bürgerliche Existenz wankt. Er wird krank, aber von dem eingeschlagenen Weg, der als Denkweg begonnen hat und in der Katastrophe des Lebens enden wird, läßt er sich nun nicht mehr abbringen. Das »Riskirte und Phantomatische der Existenz« lockt ihn ins Unabsehbare hinaus und am Ende in die Höhle der weltlosen Inwendigkeit hinein.

IV

Der »dionysische Pessimismus« ist für Nietzsche nicht einfach die expressive Formulierung eines überwältigenden Lebensgefühls. Dafür ist diese Lebenseinstellung zu sehr »Weltanschauung«, zu bildungsgesättigt, rhetorisch kalkuliert, ästhetisch inszeniert. Umgekehrt ist er auch nicht nur etwas Ausgedachtes, durch Wissen und Bildung Angeeignetes.

Nietzsche nannte die Gedanken seines Tragödienbuches einmal »versucherisch« – sie sind es im doppelten Sinne. Nietzsche läßt sich von ihnen »versuchen«: seine bisherige geistige Existenz wird von ihnen angefochten. Und er »versucht« diese Gedanken in dem Sinne, wie man etwas ausprobiert, wenn man nach einer neuen geistigen Existenz sucht.

Es ist – im doppelten Sinn von »Versuchung« und »Versuch« – ein experimentierendes Denken, das die eigene geistige Existenz nicht einfach nur »ausdrücken«, sondern umwandeln will, und das vor den Augen des Publikums, das von einem Fachkollegen nicht Selbstfindungsmanöver, sondern gediegene fachliche Forschungsarbeit mit nachprüfbaren und weiter verwendbaren »Ergebnissen« erwartet. Der junge Wilamowitz-Moellendorff hatte der philologischen Zunft aus dem Herzen gesprochen, als er Nietzsche empfahl, vom Katheder herabzusteigen.

Wer die Selbstfindung öffentlich betreibt, begibt sich in die Gefangenschaft der Öffentlichkeit. Seine Unternehmung gewinnt zwar an Bedeutung, weil sie, durch den Akt der Veröffentlichung, die Grenzen der eigenen Person überschreitet und einen Zuwachs an Welthaltigkeit erfährt, doch er ruft auch die Gegner auf den Plan, Widerstände, die nicht aus ihm selbst kommen, sondern ihn »von außen« begrenzen. Die ihn dazu zwingen, sich zu rechtfertigen. Womit er sich selbst versuchen, wodurch er sich selbst anfechten lassen wollte, das wird draußen in der Öffentlichkeit als Angriff verstanden. Und was für ihn selbst Versuche, Experimente auf dem Wege der Selbstsuche sind – darauf nagelt ihn die Öffentlichkeit fest. Das Spielerische der Selbstsuche gerät unter den Zwang der Selbstbehauptung. Viel zu früh muß Nietzsche das behaupten, wonach er doch erst noch sucht: seine geistige Existenz, dieses »Werde, der du bist!«

V

In seinem Tragödienbuch hatte Nietzsche Sokrates auftreten lassen als »Typus des theoretischen Menschen«, der sich absichert gegen den Lust/Schmerz-Abgrund des dionysischen Lebens, indem er gegen die dunkel-pessimistische Passion des Lebens das helle Reich des Wissens und der Wissenschaft setzt. Nietzsche kritisiert den Sokratismus als die große Illusion des Abendlandes. Das Wissen, behauptet er, kann das Leben niemals in seinen Tiefen aufhellen, und wo das Wissenwollen als Lebensmacht schließlich doch siegt, hat das Leben seine Kraft und Tiefe verloren. Gegen eine ganze Tradition setzt Nietzsche, Schopenhauer folgend, die These, daß das Wesen des Lebens, daß das Lebendige am Leben gerade nicht etwas Intelligibles ist. Wenn man mit dem Leben eins werden will, so muß man die Lasten des Allzuvielwissens abwerfen und mit der Illusion aufräumen, die Erkenntnis sei die höchste, wertvollste Form des Lebens. Unter dem Druck des Wissens und der Erkenntnisse verkümmert das Leben – so Nietzsches schneidend vorgetragene These in der zweiten »Unzeitgemäßen Betrachtung«, die 1874 unter dem Titel: »Vom Nutzen und Nachtheil der Historie für das Leben« erscheint.

Nietzsche spricht dort von der »historischen Krankheit«, an der das Zeitalter leide. Es habe seine bildende, »plastische« Kraft verloren und lasse sich das eigene, spontane, schöpferische Leben erdrücken von dem aufgetürmten historischen Wissen. Der »Historismus« war damals tatsächlich eine Strömung des Geisteslebens, aber das allein hätte diese wütende Attacke wohl kaum ausgelöst. Die Schrift ist vielmehr auch ›pro domo‹

verfaßt und sollte vor allem die Altphilologie als Nietzsches akademische Zunft treffen. Diese Zunft hatte recht gehabt, als sie bemerkte, daß Nietzsches »dionysischer Pessimismus« keine altphilologische Fundsache, sondern eine Erfindung des Selbstversuchs war. Und Nietzsche, durch die Angriffe zu noch größerem Mut aufgestachelt, setzt diesen Selbstversuch fort. Er will sich aus den Fesseln seines bisherigen Lebens, das ihn in die Altphilologie hineingeführt hat, befreien. Er verschärft die Antithese von Leben und Wissen; sein persönliches Unbehagen an der trockenen Gelehrtenexistenz verwandelt er in etwas Grundsätzliches: Was ihm unbehaglich ist und ihn quält, darin entdeckt er eine Krankheit der Kultur.

Mit aller Grundsätzlichkeit stellt er die Frage: Wieviel Erkenntnis, wieviel Wahrheit braucht der Mensch? Es geht ihm dabei nicht nur um das »historische« Wissen, sondern um Wissen jeder Art, um psychologisches, moralisches, biologisches, metaphysisches Wissen. Nietzsche fragt nach den Proportionen des Zukömmlichen.

Schon die Fragestellung greift die immanente Dynamik des Erkenntnisprozesses an. Denn diese Dynamik fragt eben nicht nach dem Zukömmlichen, sondern sie ist in sich grenzenlos, sie ist ein »Allesfresser«. Das geheime Axiom dieses Prozesses ist: Ein erkennendes Verhältnis zum Lebendigen ist selbst die höchste Form des Lebendigen und Erkenntnis die wertvollste Lebensmacht. Genau das aber bestreitet Nietzsche. Gegen das hemmungslose Wissenwollen setzt er ein am Goetheschen Bildungsideal orientiertes Gleichgewichtsmodell: Wie der Körper nur eine bestimmte Menge von zugeführter Nahrung »verdauen« kann, so kann unser Leben insgesamt nur eine bestimmte Menge von Wissen und Erkenntnis in sich aufnehmen. Wird dem Körper zuviel zugeführt, wird er krank, und auch das Leben wird krank unter der Last von Wissensbeständen. »Der moderne Mensch schleppt zuletzt eine ungeheure Menge von unverdaulichen Wissenssteinen mit sich herum, die dann bei Gelegenheit auch ordentlich im Leibe rumpeln, wie es im Märchen heisst. Durch dieses Rumpeln verräth sich die eigenste Eigenschaft dieses modernen Menschen: der merkwürdige Gegensatz eines Inneren, dem kein Aeusseres, eines Aeusseren, dem kein Inneres entspricht, ein Gegensatz, den die alten Völker nicht kennen.«

Es geht Nietzsche im Bilde des »Innen« und »Außen« um Verkörperung, Handlung, Spontaneität, Gestaltung, kurz: um das »plastische« Vermögen. Das zuviele Wissen behindert das plastische Vermögen. Das »plastische« Vermögen ist eine Lebensäußerung im Augenblick und aus dem Augenblick heraus. Es setzt, so Nietzsche, immer ein »Vergessen«, eine gewisse Naivität voraus. Das Empfinden darf nicht vom analytischen Blick belauert werden, es setzt Selbstvergessenheit voraus. Wir müssen uns in einen beschränkten Horizont einschließen, wenn wir handeln wollen. Könnten wir die häufig negativen Erfahrungen nicht vergessen und würde uns stets gegenwärtig sein, wie unendlich folgenreich unser Handeln aufgrund der universellen zeitlichen und räumlichen Verknüpftheit des Weltganzen ist, so fänden wir gar nicht mehr den Mut dazu.

Ausdrücklich plädiert Nietzsche für das »Unhistorische«: das Leben muß vergessen können, wenn es weiterschreiten will. Es muß gegen das Überkommene pietätlos und ungerecht sein können, nur so wird es sich seinen eigenen Platz schaffen und behaupten können.

Und wieder blickt Nietzsche zur Kunst hinüber. Sie schafft Bilder, verzaubert, berauscht, webt an einem Wahn und kümmert sich den Teufel um historische Wahrheit und Gerechtigkeit. Alles Schöpferische muß ungerecht und unhistorisch sein. Und das Leben ist dort nur Leben, wo es schöpferisch ist.

Wie aber läßt sich das Leben gegen das erdrückende Wissen schützen? Nietzsche spricht häufig von den »Instinkten« des gesunden Lebens, die sich schon zu helfen wissen, wenn man sie nur läßt. Nur: Er selbst steckt schon zu tief in der Welt des Wissens und des Erkennenwollens. Von der gesunden »Naivität« des Lebens kann er nur träumen. Bei ihm ist es eben nicht die Naturmacht des Lebens, die sich gegen das Wissen auflehnt und es abschüttelt, wo es hinderlich ist. Doch er wünscht sich, daß es bei ihm so wäre. Aber gerade er ist vom Wissen zerfressen und von der theoretischen Neugier besessen. Und so gibt es bei ihm keinen Aufstand der »Natur« gegen das »Wissen«, sondern nur eine Strategie, die ihn in die Labyrinthe unendlicher Reflektiertheiten und Raffiniertheiten hineinlocken wird: *»das Wissen muß seinen Stachel gegen sich selbst kehren«*.

Das wird von nun an Nietzsches Projekt der Selbstaufklärung der Aufklärung sein. Diese Selbstaufklärung verfolgt das Ziel, die Aufklärung in ihre Grenzen zu verweisen – dem Leben im Augenblick zuliebe.

Wie Kleist träumt auch Nietzsche von einer Unmittelbarkeit, die wir durch das Bewußtsein verlieren, wie Kleist sieht er den einfachen Rückweg in die Unmittelbarkeit versperrt, und wie Kleist sieht er nur die Möglichkeit, daß wir zum zweitenmal vom Baume der Erkenntnis essen müssen, wenn wir den Sündenfall der »ersten« Erkenntnis rückgängig machen wollen.

Doch Nietzsches »zweite« Erkenntnis – jene Erkenntnis, die die Antriebe des Erkennenwollens aufdecken soll, um von ihnen freizukommen – verschreibt sich zwar ausdrücklich der Wiederherstellung der lebensmächtigen Unbefangenheit durch *unhistorisches* Augenblicksempfinden, aber das Wissen, das »seinen Stachel gegen das Wissen kehrt«, bleibt zuletzt doch ein Wissen, das sich selbst nichts vormachen kann. Es hat die Unschuld der Unbekümmertheit, des Vergessens, des Nichtwissens, der Spontaneität verloren – und kann sie nur wiedererlangen durch absichtsvolle Selbsttäuschung.

Ein Leben aber, das sich in seiner Vitalität nicht aus eigener Kraft, sondern nur durch bewußte Selbsttäuschung erhalten kann, ein Leben, dessen Betriebsgeheimnis vom Bewußtsein aufgedeckt wird, wie sollte man es weiterhin schätzen können, wenn es doch darauf *angewiesen* ist, daß das Wissen ihm das Wissen vom Leibe hält?

Mit dieser Frage droht Nietzsche in der Bodenlosigkeit einer raffinierten Reflexion zu versinken. Dagegen hilft nur ein energischer Dezisionismus: »Doch lassen wir den ... Menschen ... ihre Weisheit: heute wollen wir vielmehr unserer Unwissenheit von Herzen froh werden ...«

Das wird Nietzsche nicht gelingen, denn es ist keine einfache Unwissenheit, an der er sich freuen kann, sondern er hat sich auf das sehr anstrengende Unterfangen eingelassen, sich *selbst* in die *Illusion der Unwissenheit* hineinzusteigern. Wenig später wird er das nennen: den *Willen zur Täuschung*.

Und das heißt dann: das raffiniert gewordene Leben weiß, daß alle seine Wertsetzungen, seine perspektivischen Verkürzungen, seine Horizonte etwas von ihm selbst Zurechtgemachtes sind: gewollte Täuschungen, Blindheiten, Einbildungen – dem Leben zuliebe. So kommt Nietzsche dazu, den »Schein« nicht abzulehnen, aber zu fordern, daß man ihn durchschaut und ihn trotzdem will. Das heißt: man soll sich nicht dümmer stellen, als man ist. Wille zur Täuschung ist das bewußte Einverständnis mit der unvermeidlich illusionsbildenden Energie des Lebens, ist das Bewußtsein, das erkennt: das Leben will keine Wahrheit, das Leben will sich gestalten, und wenn es sein muß, mit Trug und Täuschung.

Man hat den psychologischen Nietzsche der »mittleren« Phase häufig in einen Gegensatz gebracht zum Dionysiker und zum Zarathustra-Nietzsche. Ein falscher Gegensatz. Denn Nietzsches Entlarvungspsychologie bleibt dionysische Lebensphilosophie. Sie kritisiert nicht die Illusionen, den »Schein« als solchen, sondern den falschen Glauben daran, die Naivität. Wir mögen an den Illusionen festhalten, wenn wir nur den Mut und die Kraft haben zu durchschauen, aus welchen illusionsbildenden Energien sie hervorgehen. Das Ja zur illusionsbildenden Energie des Lebens bedeutet: zum »Dichter« seines eigenen Lebens zu werden.

»Welche Mittel haben wir, uns die Dinge schön, anziehend, begehrenswerth zu machen, wenn sie es nicht sind? ... Hier haben wir von den Künstlern (zu lernen), welche eigentlich fortwährend darauf aus sind, solche Erfindungen und Kunststücke zu machen ... Wir aber wollen die Dichter unseres Lebens sein, und im Kleinsten und Alltäglichsten zuerst.«

Nietzsche richtet seine Verdachtpsychologie und seinen vehementen Anti-Idealismus der sogenannten »mittleren« Phase natürlich auch gegen sich selbst. Er will ohne Glauben an äußeren Halt – Sitte, Religion, Metaphysik – auskommen. Das dionysisch verstandene Leben soll sich selbst tragen, auch wenn es, seiner traditionellen Sinnhorizonte beraubt, zunächst unerträglich erscheinen sollte. Er habe sich selbst quälen und leiden machen wollen, schreibt er. Er rechnet sich das als Stärke an. In einem Brief nennt er sich einen Menschen, »der nichts mehr wünscht als täglich irgendeinen beruhigenden Gedanken zu verlieren ... Vielleicht daß ich sogar noch mehr Freigeist sein *will*, als ich es *kann*.«

VI

Nietzsche sucht Nietzsche, auch wenn er sich dabei überfordert. Seine Selbstfindung ist eine Selbsthervorbringung: gegen die »erste Natur«, wie er das nennt, will er sich eine »zweite Natur« erschaffen. An Hans von Bülow schreibt er 1882:

»Was geht es mich an, wenn meine Freunde behaupten, diese meine jetzige ›Freigeisterei‹ sei ein exzentrischer, mit den Zähnen festgehaltener *Entschluß* und meiner eigenen Neigung abgerungen und abgezwungen? Gut, es mag eine ›zweite‹ Natur sein: aber ich will schon beweisen, daß ich mit dieser zweiten Natur erst in den eigentlichen *Besitz* meiner ersten Natur getreten bin.«

Was er unter »Besitz« versteht, erläutert er in einem anderen Brief aus dieser Zeit: Ohne diese von ihm selbst hervorgebrachte »zweite Natur« hätte er seine »erste Natur gar nicht ertragen können«, er wäre an ihr »zu Grunde gegangen«.

Welches seine »erste Natur« ist, wird Nietzsche niemals direkt aussprechen. Aber sie wird dort sich zeigen, wo er etwas in sich selbst bekämpft. Sie *ist* das Bekämpfte. »Der Mensch ist etwas, das überwunden werden muß«, wird Nietzsche im »Zarathustra« verkünden, und er wird damit auch sich selbst meinen, sich selbst in seiner »ersten Natur«. Die »erste Natur« ist für Nietzsche die Naumburger Existenz. Die stickige, kleinbürgerliche, moralingesättigte Luft, die ihn steif, überkorrekt, brav, ängstlich, prüde, auch fromm gemacht hat. »Ich bin eine Pflanze nahe dem Gottesacker geboren«, sagt er von sich. Er ist der typische Musterschüler, der sich, wie er selbst bekennt, schon immer besser in die Lehrer als in seine Mitschüler einfühlen kann. Er ist der »würdige kleine Pastor«, wie man den Zwölfjährigen scherzhaft nannte, als er einmal in gemessener Haltung, wie es die Schulregel verlangte, über den Marktplatz daherschritt – unterm Platzregen. Die »erste Natur« ist auch jenes fast schon osmotische Mitleidenkönnen und -müssen. Nietzsche kann nicht grausam, nicht hart, nicht rücksichtslos sein. Zur »blonden Bestie« fehlt ihm alles, er ist auch kein Renaissancemensch, zu dem er sich gerne gemacht hätte. Er ist nicht nur wetter-, sondern auch menschenfühlig. Das reißt ihn in schlimme Verwicklungen. Obwohl ihn die Mutter und die Schwester, einfach weil sie ihn nicht verstehen können, oft demütigen und kleinmachen, muß er doch mit ihnen mitempfinden. Er leidet am Übermaß seiner Bereitschaft zu verzeihen. Er findet nicht die Kraft, sich nachhaltig gegen die Zumutungen von dieser Seite zu wehren. Eben noch hat er sich geschworen, der Mutter keine Briefe mehr zu schreiben, da treffen wieder Socken und Würste aus Naumburg ein, und ›Fritz‹ bedankt sich brav und gehorcht der Mutter, die verlangt, er solle sich wieder mit der Schwester versöhnen . . . Diese Nachgiebigkeit und dieses Mitleidenmüssen verurteilt er als einen »Haupt-Unfug« in seiner Natur, der es ihm so schwer macht zu werden, wie er sein will. »Man soll sein Ideal vom Menschen *durchsetzen*«, schreibt er 1883 in einem Brief an Malwida von Meysenbug, »man soll mit seinem Ideal seine Mitmenschen wie sich selbst zwingen und überwältigen und also schöpferisch wirken! Dazu aber gehört, daß man sein Mitleiden hübsch im Zaume hält, und daß man, was unserm Ideale *zuwider* geht . . . auch als *Feinde* behandelt. – Sie hören, *wie* ich mir ›die Moral‹ lese: aber um bis zu dieser ›Weisheit‹ zu kommen, hat es mich fast das Leben gekostet.«

Die »erste Natur« ist jenes demutsvolle Aufblicken zu einer höheren, himmlischen Welt, von der uns Erlösung kommen soll, ist jenes Kandidatentum fürs metaphysische Jenseits ohne couragierte Lust am Diesseits und ohne die Lebenskunst, die sich auf die Genüsse des Hier und Jetzt versteht und Kraft genug hat, sich in den sinnverlassenen Lust/Schmerz-Abgrund des Lebens zu stürzen.

Diese »erste Natur« aber ist auch und vor allem das mangelnde Talent zur Unmittelbarkeit und Spontaneität, das die Unbefangenheit unterminierende Wissen-Wollen, der Sokratismus, den er so energisch bekämpft, das nach Sicherheit und Verläßlichkeit strebende Hineinkriechen in die Gelehrtenstube, unter die Fittiche eines Wissens, das am ›vollen Leben‹ hindert.

VII

Gegen die moralische, metaphysische und historische Vernunft hatte sich Nietzsche gewehrt – dem Leben zuliebe. Aber vor einer anderen, für das unbefangene Leben weit gefährlicheren »Vernunft« vermag er sich nicht zu schützen: vor dem Biologismus und Naturalismus.

Nietzsche bleibt auf verhängnisvolle Weise ein Kind seines wissenschaftsgläubigen Zeitalters, und deshalb gerät er unter die Suggestion der biologistischen und physikalistischen Durchleuchtung des Lebens. »Alles, was wir brauchen und was bei der gegenwärtigen Höhe der einzelnen Wissenschaften uns gegeben werden kann, ist eine *Chemie* der moralischen, religiösen, ästhetischen Vorstellungen und Empfindungen, ebenso aller jener Regungen, welche wir im Groß- und Kleinverkehr der Kultur und Gesellschaft, ja in der Einsamkeit an uns erleben: wie, wenn diese Chemie mit dem Ergebnis abschlösse, daß auch auf diesem Gebiet die herrlichsten Farben aus niedrignen, ja verachteten Stoffen gewonnen sind?«

Mit dieser Sichtweise, die durchaus nicht orginell ist, sondern ihm, wie er einbekennt, von den modernen Naturwissenschaften aufgenötigt wird, kommt die Entwertung des Lebens erst auf ihren zeitgemäßen Höhepunkt. Was der Glaube an historische Gesetzmäßigkeiten, was die Hypostasierung metaphysischer Wesenheiten, was die religiöse Lebenseinstellung und die aus ihr hervorgehende Moral an Lebensentwertung bewirken, ist harmlos im Vergleich zu dieser restlosen Entzauberung des Lebendigen, die sich unter dem objektivistischen, das Leben in chemische, triebökonomische, physikalische Prozesse auflösenden Blick ereignet. Nietzsche schreibt keinen Essay unter dem Titel: »Vom Nutzen und Nachteil der Naturwissenschaft für das Leben«. Er, der Kritiker aller »Hinterwelten«, kann sich nicht befreien von der Suggestion der »hinterweltlichen« Konstruktionen des naturwissenschaftlichen Blicks. Diese Konstruktionen verdinglichen den Menschen. Sie operieren mit der Formel: »der Mensch ist nichts anderes als . . .«. Er ist der Schauplatz von gehirnphysiologischen Vorgängen, von triebdynamischen Spannungen, von chemischen Prozessen. Das »Ich« ist eine Einbildung, die uns die Sprache aufdrängt. Es gibt kein »Ich tue«, sondern nur ein »Ich werde getan«, nämlich von den Prozessen, die in meiner Physis ablaufen. Es handelt sich hier um das Überwechseln auf eine vollkommene *Außensicht* des Menschlichen; eine Außensicht, die die *innere Selbsterfahrung* gänzlich auslöscht beziehungsweise zu einem bloßen Epiphänomen entwertet.

Selbstquälerisch und provozierend stimmt Nietzsche sein Loblied auf die Physik an: »Wir (müssen) die besten Lerner und Entdecker alles Gesetzlichen und Notwendigen in der

Welt werden: Wir müssen *Physiker* sein, um in jenem Sinne *Schöpfer* sein zu können – während bisher alle Wertschätzungen und Ideale auf *Unkenntnis* der Physik oder im *Widerspruch* mit ihr aufgebaut waren. Und darum: Hoch die Physik! Und höher noch das, was uns zu ihr *zwingt* – unsere Redlichkeit!«

Auf der einen Seite also nimmt Nietzsche den Menschen restlos in das Naturgeschehen hinein. Er ist wie alles andere Welthafte »hineingemischt« in den gesetzmäßigen energetischen und sonstigen Mechanismus. Er ist restlos naturalisiert und entpersonalisiert, ein »Ding unter Dingen«. Auf der anderen Seite aber spricht er davon, daß wir »Schöpfer« sein können; Schöpfer, die die Gesetze, über die sie keine Macht haben, vollziehen. Doch worin soll das »Schöpferische« bestehen, wenn wir doch von den Gesetzen der Natur bestimmt sind? Nietzsches Antwort ist überraschend und, wenn man sie ihres Pathos entkleidet, äußerst dürftig: Schöpferisch sind wir, wenn wir die Vorstellung eines durchgehend naturgesetzlich determinierten Seins aushalten und sogar bejahen können, ohne daran zu zerbrechen. Wenn uns das Sinnlose der absoluten Determination nicht mehr schreckt.

Das naturwissenschaftliche Weltbild, so wie er es versteht, hat Nietzsche zur Lehre von der »ewigen Wiederkehr« ausgeformt. Die Lehre stützt sich auf zwei von ihm als naturwissenschaftlich angesehene Annahmen. Zum einen die Annahme der Unendlichkeit der Zeit, zum anderen die der Begrenztheit der Materie beziehungsweise der Energiemenge. Daraus folgt: In der unendlichen Zeit müssen die begrenzten Materie- und Energiekonstellationen alle schon einmal durchgespielt worden sein. Denn eine begrenzte Menge erlaubt auch nur eine begrenzte Zahl von Konstellationen. Eine begrenzte Zahl von Konstellationen in einer unbegrenzten Zeit bedeutet: es gibt kein Ereignis, keine Materiekonstellation, die es nicht schon einmal gegeben hat.

Nietzsche hat von der Lehre der »ewigen Wiederkehr«, die

er seinen Zarathustra mit schwer erträglichem Pathos verkündigen läßt, viel Aufhebens gemacht. Das Pathos kommt aus der Inszenierung des »Übermenschen«.

Übermensch ist für Nietzsche derjenige, der um die »ewige Wiederkehr« weiß und doch nicht daran zerbricht. Obwohl ja der kreisende Zeitumtrieb das Geschehen bis zur Sinnlosigkeit entleert. Ein Bild der weltmüden Vergeblichkeit.

So empfindet es auch Nietzsche, deshalb gilt ihm die Idee der »ewigen Wiederkehr« auch als das »Allerschwerste«, und deshalb bedarf es »übermenschlicher« Kraft, sie auszuhalten.

Das geht nur durch einen Perspektivwechsel. Man muß der »Idee« das Lähmendlastende nehmen. Dies gelingt Nietzsche allein dadurch, daß er die »ewige Wiederkehr« zusammendenkt mit dem Bilde des *»großen Weltspiels«*. »Ich kenne keine andere Art, mit großen Aufgaben zu verkehren, als *das Spiel*«, schreibt Nietzsche im »Ecce homo«. Auch das Spiel ist gesetzmäßig, basiert auf Wiederholungen – aber im Spiel oder als Spiel gesehen erleben wir das alles lustvoll.

Nietzsche hat sich von den traditionellen – metaphysischen, religiösen, moralischen – Sinnvorgaben befreit, *um den grundlegenden Spielcharakter des menschlichen Daseins freizulegen.* Es gehört aber Mut dazu, sich auf dieses Spiel einzulassen: »Muth welcher *angreift*: denn in jedem Angriff ist klingendes Spiel«, schreibt Nietzsche. Dieses angriffslustige Ja zum Weltspiel der ewigen Wiederkehr soll besagen: Gerade *weil* die Augenblicke sich im Umtrieb der Zeit ewig wiederholen, wird das Hier und Jetzt in die Würde der Ewigkeit eingesetzt. Du sollst, so fordert Nietzsche, den Augenblick so leben, daß er dir ohne Grauen wiederkehren kann! »War *das* das Leben? Wohlan! Noch Ein Mal!«

»Übermensch« ist, wer die Kraft und die Leichtigkeit hat, bis zu dieser Dimension des *Weltspiels* durchzudringen. Nietzsches Transzendieren geht in diese Richtung: *zum Spiel als Grund des Seins.* Zarathustra tanzt, wenn er diesen Grund erreicht hat, er tanzt wie der indische Weltengott Schiva. Oder er spielt, wie das Kind spielt. »Unschuld ist das Kind und Vergessen ein Neubeginn, ein Spiel, ein aus sich rollendes Rad, eine erste Bewegung, ein heiliges Ja-Sagen. Ja, zum Spiel des Schaffens, meine Brüder, bedarf es eines heiligen Ja-Sagens.«

VIII

Kein Zweifel: in seinen besten Augenblicken gelingt Nietzsche eine spielerische Leichtigkeit der Sprache und des Gedankens, eine Beschwingtheit, die, auch unter Leiden und schwerer Gedankenfracht, zu tanzen versteht, eine Heiterkeit ›trotz alledem‹, eine Mischung aus Ekstase und Gelassenheit. Blickpunkte werden erreicht, von denen aus das Leben als großes Spiel erscheint, jenes Spiel am Grunde des Seins, wovon Heraklit, den Nietzsche zustimmend zitiert, spricht.

Doch dann beginnt etwas außerordentlich merk- und denkwürdiges: Die letzten Lockerungen dieses experimentierenden Geistes schlagen um in beispiellose Gewalt- und Machtphantasien. Der »Prinz Vogelfrei« aus der »Fröhlichen Wissenschaft«, der sich auf seine Tanzkunst viel zugute hielt, wird zum philosophierenden Berserker. Er schreibt ungeheuerliche Sätze nieder, die gedanklich einige Brutalismen des Faschismus vorwegnehmen. Daß man dem »Parasitischen und Entarteten« ein Ende bereiten müsse; daß ein »Herrenmenschentum« stark genug sein müsse, das »Mitleid« in sich niederzukämpfen. Nietzsche malt im Ton der Bewunderung das Bild der »prachtvoll nach Beute und Sieg lüstern schweifenden *blonden Bestie*«. Er spricht abschätzig von den »Heerdenmenschen«, die nur dazu da sind, einige Prachtexemplare des Herrenmenschentums hervorzubringen. Deshalb sei auch »Ausbeutung« das »Recht der Starken«. Er geißelt die Bismarcksche Sozialpolitik: »Wenn man Sklaven will – und man braucht sie! – muß man sie nicht zu Herren erziehen.« Er schwärmt von der »furchtbaren Natur« des Menschen, der erst dann zu seiner höchsten Lebensform finde, wenn er die »verruchte Seite des Daseins« aufsuche.

Welche Logik, welche Gefühle, welche Erfahrungen veranlassen Nietzsche, solche Sätze niederzuschreiben, nicht nur im Konvolut seiner handschriftlichen Aufzeichnungen, die die unsägliche Schwester später unter dem noch von ihm selbst gewählten Titel »Wille zur Macht« herausbringt, sondern auch in den von ihm selbst publizierten Schriften?

In »Wille zur Macht« bricht die spielerische Haltung vor dem Andrang jenes gnadenlos mechanistischen und energetischen Weltbildes, das Nietzsche sich aus flüchtig aufgefaßten Theoremen der Naturwissenschaft zusammengebaut hat, zusammen.

Alle Lebenserscheinungen sind, so Nietzsche, energetische Ereignisse. In ihnen steckt das Prinzip der Steigerung. Sie wollen sich nicht nur erhalten, sondern wachsen. Es gilt aber der Satz von der Erhaltung der Gesamtenergie. Deshalb bedeutet ein Kraftzuwachs an der einen Stelle eine Minderung an der anderen. Die eine Kraft überwältigt die andere, nimmt sie in sich auf, zersetzt sie, wird dabei selbst zersetzt und schließlich verschlungen von einer anderen, und so fort: ein sinnloses, aber dynamisches und höchst »lebendiges« Spiel von Wachstum, Überwältigung, Kampf. »Es giebt nichts am Leben, was Werth hat, außer dem Grad der Macht – gesetzt eben, daß Leben selbst der Wille zur Macht ist. Die Moral behütet die Schlechtweggekommenen vor Nihilismus.« Die kraftvollen Naturen brauchen den Nihilismus nicht zu fürchten und brauchen deshalb auch keine Moral, weil aller »Sinn« bereits in der von ihnen verkörperten Kraft steckt. Wir werden Zeugen eines bemerkenswerten Vorgangs: ein pseudonaturwissenschaftliches Weltbild schlägt um in eine Art Ethik. Eine Ethik der Härte und der Grausamkeit.

Es gibt keine theoretisch zwingende Konsequenz, die von der Überwältigung durch den Physikalismus zu dieser grausamen Machtontologie führt. Denn Nietzsche hatte zunächst einen anderen Weg gesucht und gefunden. Zu Zeiten des »Zarathustra« hatte er die eigentlich »unerträgliche« Wahrheit des Physikalismus und Biologismus umgedeutet zu einem immanenten »Weltspiel«, und er hatte sich selbst in die »zweite Natur« des Spielers hineinerschaffen wollen.

Jetzt aber wird deutlich, welche Selbstüberwindung es gekostet hat, die »entsetzliche« Wahrheit einer sinnverlassenen, weil physikalistisch und biologistisch analysierten Welt auszuhalten. Die spielerische Leichtigkeit Nietzsches zeigt sich nun als eine Leichtigkeit, die sich einer gewaltigen Anstrengung, Anspannung und Selbstüberwindung verdankt. Im Hintergrund des *Spiels* steht die *Macht*, die alles niederhalten muß, was die spielerische Leichtigkeit hemmen könnte. Und an dieser an sich selbst und gegen sich selbst vollstreckten *Macht, mit der er sich zum tanzenden Zarathustra emporwuchtet*, mißt er das am eigenen Leib und Leben erfahrene Prinzip des Lebendigen. Leben ist eben nichts anderes als »Wille zur Macht«, zuvorderst Macht über sich selbst.

Nietzsche gewinnt seinen Machtbegriff also aus der inneren Erfahrung; er schreibt: »Du sollst Herr über dich werden, Herr auch über die eigenen Tugenden. Früher waren sie deine Herren; aber sie dürfen nur deine Werkzeuge neben andren Werkzeugen sein. Du solltest Gewalt über dein Für und Wider bekommen und es verstehen lernen, sie aus und wieder einzuhängen je nach deinem höheren Zwecke.«

Diese *Selbstmacht* gilt ihm als Steigerung des Lebens, als wachsende Intensität, zuletzt als energetisches Ereignis. Und nur deshalb, weil er sein eigenes Selbstverhältnis als Machtverhältnis erlebt, sucht er in seinen letzten wachen Jahren nach biophysikalischen Argumenten, mit denen sich eine Art kosmologische oder ontologische Machtphilosophie konstruieren läßt. Der Grundton des »Zarathustra« war noch auf das spielerische *Sein-Lassen* gestimmt. Nietzsches Machtphilosophie verlagert den Akzent vom *Sein-Lassen* auf das *Durchsetzen*, weil er das Ideal des *Sein-Lassens* erst unter großen Mühen gegen sich selbst durchsetzen mußte: als Erschaffung einer »zweiten Natur« gegen seine »erste Natur«.

»Zarathustra« und der »Prinz Vogelfrei« sind diese »zweite Natur«, die Machtphilosophie bricht hervor aus jener *Erzeugungsmacht,* die notwendig war, um diese »zweite Natur« gegen sich selbst und eine ganze Welt behaupten zu können.

Es ist ihm am Ende unmöglich, das Leben von seinen Möglichkeiten, von seinem Sein-Können her positiv zu bedenken; er kann es nur denken von den Hemmnissen her, die zu überwinden sind. So wird aus dem *waltenden* Leben das *überwältigende* Leben. Seine Dynamik wird gleichsam an der Front definiert: als Kraft des Zerbrechens von Entgegenstehendem.

Das Entgegenstehende ist seine »erste Natur«. Am Beginn seiner geistigen Laufbahn hatte er ahnungsvoll und scharfblikkend geschrieben: »Wir bringen es im besten Falle zu einem Widerstreite der ererbten, angestammten Natur und unserer Erkenntnis, auch wohl zu einem Kampfe einer neuen strengen Zucht gegen das von Alters her Angezogene und Angeborne, wir pflanzen eine neue Gewöhnung, einen neuen Instinct, eine zweite Natur an, so dass die erste Natur abdorrt. Es ist ein Versuch, sich gleichsam a posteriori eine Vergangenheit zu geben, aus der man stammen möchte, im Gegensatz zu der, aus der man stammt – immer ein gefährlicher Versuch, weil es so schwer ist eine Grenze im Verneinen des Vergangenen zu finden, und weil die zweiten Naturen meistens schwächlicher als die ersten sind.«

Nietzsche, der sich so machtvoll in seine »zweite Natur« emporgereckt hat, muß immer mehr Macht aufwenden, um die Wiederkehr der »ersten Natur« zu verhindern. Er, der in seinen Selbstfindungen Zuflucht gesucht hat, fühlt sich immer wieder zu seinem anderen Selbst heruntergezogen. Deshalb der wachsende Haß auf alles, was ihn umgibt: alle diese Kreaturen, ob in Naumburg oder in Genua, ob es Wagner ist oder Bismarck, die ganze Intelligenzia des verlästerten Deutschen Reiches – das alles ist die große Herde, die ihn einfangen, zu ihresgleichen machen will. Er antwortet mit Vernichtungsphantasien, er, der Herrenmensch, den sie noch alle kennenlernen werden, wehe über sie.

Aber dieser überwache Nietzsche weiß auch, daß die Größe, zu der er sich emporreckt, ihn zugleich auch klein macht, überfordert. Er fühlt sich von seinem eigenen Werk bedroht, er fürchtet die Rache des groß Vollbrachten. »Alles Grosse, ein Werk, eine That, wendet sich, einmal vollbracht, unverzüglich gegen den, der sie that ... Ebendamit, daß er sie that, ist er nunmehr schwach, – er hält seine That nicht mehr aus, er sieht ihr nicht mehr ins Gesicht ... die Rancune des Grossen!«

Nietzsche, der die Selbstdichtung, die Selbsterzeugung einer »zweiten Natur« verteidigt hatte mit der Einschränkung, daß man bei der Produktion des »Scheins« nur nie den Scheincharakter vergessen dürfe, ihm widerfährt, wovor er gewarnt hat: er wird von seinen Produktionen mitgeschleift und stürzt am Ende mit Leib und Leben in jene Bilder, in die er sich hineingedacht, hineinphantasiert hat. Incipit tragoedia: Nietzsche verwechselt sich mit sich selbst. Der allerletzte Brief, ehe er für den Rest seines Lebens verstummt – der Brief ist an Jacob Burckhardt, den väterlichen Freund in Basel, gerichtet –, beginnt mit den Sätzen: »Zuletzt wäre ich sehr viel lieber Basler Professor als Gott; aber ich habe es nicht gewagt, meinen Privat-Egoismus so weit zu treiben, um seinetwegen die Schaffung der Welt zu unterlassen. Sie sehen, man muß Opfer bringen, wie und wo man lebt.«

Nietzsche hat seine erste Natur der zweiten, selbsterfundenen zum Opfer gebracht. Er verliert sich in dem Augenblick, als er in einer nicht mehr überbietbaren Weise sich gefunden zu haben glaubt – gefunden als derjenige, in dem sich ein ganzes abendländisches Schicksal vollendet.

Die weltlosen Wahrheiten

In der chinesischen Fabel verschwindet der Maler in seinem Bild. Dort kommt er nach Hause, dort ist sein Zuhause. Er verläßt die Freunde. Er verläßt also jene »Welt«, die er bisher mit ihnen geteilt hat. Er findet eine Welt, die er mit niemandem mehr teilen muß: seine Welt.

Das Bild ist seine Welt. Das Bild können auch die Freunde sehen. Das Bild bleibt in der Welt. Hat der Maler die Welt also doch nicht verlassen? Bleibt er nicht im Bilde den Freunden gegenwärtig und damit wirklich? Immerhin winkt er ihnen ja noch zu – aus dem Bilde.

Kein Zweifel, der Maler bleibt wirklich, aber nur als Bild. Ehe er im Bild verschwand, gab es zwei Wirklichkeiten: die des Malers und die des Bildes, das er geschaffen hatte. Jetzt, mit dem Verschwinden des Malers, gibt es nur noch eine Wirklichkeit: die des Bildes.

Das ist der Traum, den das Leben des Geistes von Anbeginn träumt: daß es die Dualität zwischen Leben und Geist nicht mehr geben möge, daß es statt dessen nur noch die eine Wirklichkeit gibt: die des Geistes. Sei es, daß die Wirklichkeit des Leibes, der Zufälle, der alltäglichen Verstricktheiten ins Menschengeflecht vom Geist beherrscht oder mittels einer geistigen Ekstase verlassen wird.

Dieser Traum lebt von der latenten Verfeindung zwischen dem Leben des Geistes und dem »sonstigen« Leben. Der Maler bringt sich vor seinem »sonstigen« Leben in Sicherheit. Er erfährt, daß er, obwohl er das Bild gemalt hat, noch etwas anderes, noch vieles anderes ist als dieses Bild. Diese »ontologische« Differenz will er aufheben: er will sein wie sein Bild, oder besser: er will nur noch sein Bild sein. Was er hervorgebracht hat, das will er sein – und nichts anderes.

›Was er hervorgebracht hat, das will er sein – und nichts

anderes‹: auf diese Formel läßt sich die innere Lebenslogik von Rousseau, Kleist und Nietzsche bringen.

Alle drei haben sich aus der gemeinsamen Welt weggedacht und sich, wie der Maler in seinem Bilde, in die von ihnen hervorgebrachte Welt eingeschlossen.

Rousseau hat, wie er selbst einbekennt, unaufhörlich nur sich selbst gemalt, allerdings war er überzeugt, daß seine intime Selbstbekanntschaft ihn auch ins Herz der Natur, der Gesellschaft und der Mitmenschen blicken läßt.

Seiner Welt steht die Welt der Anderen gegenüber. Zwischen der eigenen Welt und den Anderen kann es nur die Große Kommunion geben oder die Verfeindung. Das Mittlere – eine Welt also, die man mit anderen *teilt*, hält er nicht aus.

Am Ende fühlt er sich umzingelt von einer dunklen, undurchsichtigen Welt von Feinden und kann sich nur noch mit sich selbst unterhalten. Allerdings wird ihm das ganze geistige Europa bei diesen Selbstgesprächen zuhören – bis auf den heutigen Tag. Und das weiß der Verfasser der »Träumereien eines einsamen Spaziergängers«. Der Maler winkt aus seinem Bild.

Für Kleist gibt es die ontologische Differenz zwischen der eigenen »Seele« und der »Erde«. Er kann das eine nur retten, indem er das andere verachtet und verwirft. Ein Zusammenstimmen von beidem – Seele und Erde – ist für ihn unmöglich, er hat es jedenfalls nicht erlebt; er hat nur davon geträumt: in seinem dichterischen Werk.

Nach großen Leiden gewinnt er, nicht zuletzt durch die Erfahrung seiner imaginativen Kräfte, die Sicherheit der Seele zurück – gegen die Erde. Im Selbstmord triumphiert die Einbildungskraft seiner Seele. Dieser Selbstmord ist in einem emphatischen Sinne sein Werk; ein Werk, in dem er verschwindet. Und soviel Verfeindung mit der Wirklichkeit steckt in diesem »Werk«, daß er noch jemanden anderes unbedingt mitnehmen will.

Nietzsche, der geschrieben hatte: »Ich bin die Einsamkeit als Mensch . . . Daß mich nie ein Wort erreicht hat, das zwang mich, mich selbst zu erreichen« – dieser Nietzsche erreicht sein Selbst in den Erfindungen, die er aus sich heraussetzt; Dionysos, Prinz Vogelfrei, Zarathustra ... Er hat sich eine »zweite Natur« geschaffen. Dazu mußte er in sich alles überwinden, was ihn mit seiner Herkunft und seiner Mitwelt verband. Er wollte noch einmal neu zur Welt kommen – mit Macht, die er zunächst gegen sich selbst wendete und dann, in einer Art Explosion, phantasmatisch auch gegen die Anderen, die Mitwelt, die Allzuvielen. Ganz inwendig geworden, reckt er sich empor, kommt aber nicht mehr aus sich heraus. Hier winkt kein Maler freundlich Abschied nehmend aus dem Bilde, hier gestikuliert einer, wild und drohend, schmerzverzerrt und triumphierend. Und man hat den bestimmten Eindruck, daß hier einer nicht im Bilde verschwindet, sondern in seine Bilder stürzt wie in einen Abgrund.

Die Bewegung ist bei allen dreien dieselbe: sie führt hinein in die selbstgemachten Bilder. Sie sind sich selbst verfallen; sie wollen so sein wie das, was sie hervorgebracht haben. Sie wollen ihr Werk sein, dann aber können sie nicht von dieser Welt sein. Denn in dieser Welt bleiben sie dazu verurteilt, noch vieles andere sein zu müssen, das ihnen anhängt, in das sie verwickelt sind, von dem sie beansprucht werden, das sie bestimmt, ohne daß sie es bestimmen können. Wenn sie ihr Leben zu ihrem Werk machen wollen, so müssen sie erfahren, daß wesentliche Anteile ihres Lebens resistent dagegen sind, zu einem Werk umgeschaffen zu werden. Also müssen sie sich davon abschließen oder aber dieses werkfremde Leben zerstören.

Das ist ihr Weg in die Eigentlichkeit, heraus aus der Uneigentlichkeit, die Heidegger einmal so definierte:

»Das Dasein ist von ihm selbst als eigentlichem Selbstseinkönnen zunächst immer schon abgefallen, an die ›Welt‹ verfallen«.

Rousseau, Kleist und Nietzsche kommen zu sich selbst, indem sie sich selbst verfallen – so können sie dann die Welt fallenlassen, sanft-elegisch oder sehr gewaltsam, je nachdem.

Doch diese Selbstverfallenheit führt nicht ins stumme Begehren, in den dunklen Trieb, in die Spontaneität, ins bloß Vitale – also nicht in ein bewußtloses Innen, in ein einfaches So-Sein und in ein Sich-Selbst-Seinlassen. Der Selbstbezug ist weniger eine Selbstfindung als vielmehr eine *Selbsterfindung* mit geistigen Mitteln. Und faszinierend sind die Schicksale dieser drei, weil hier der Selbsterfindungsgeist »existentiell« wird, d. h., er läuft nicht als bloße Denkbarkeit neben dem sonstigen Leben einher, sondern er überwältigt es. Das Denkbare wird für das Leben zum Schicksal. In diesen »Selbstgebärern« (Nietzsche) im Geist und aus dem Geist steckt ein prometheischer Furor: sie formen sich selbst nach ihrem Bilde. Nichts wollen sie der Welt, auf die kein Verlaß ist, verdanken, alles nur sich selbst. Die Wahrheit ist für sie ein Ereignis: das Einswerden mit den selbstgeschaffenen Bildern. Dabei ist Gewalt im Spiel. Gewalt gegen die Anderen und Gewalt gegen sich selbst.

Was hier geschieht, läßt sich als *Verinnerlichung* bezeichnen. Die Verinnerlichung soll die bedrohliche Macht des Äußeren brechen.

Das ›Äußere‹ ist für Rousseau, Kleist und Nietzsche jeweils etwas anderes. Aber für alle drei ist es jene »Welt« dort draußen, in der sie sich mit ihren innerlichen Selbstverhältnissen gänzlich fremd fühlen. Aber da dieses Äußere auch in sie selbst hineinragt, weil sie eben auch »weltlich« sind, müssen sie sich selbst »überwinden«, wenn sie bei sich bleiben wollen. Es ist dies eine »Überwindung«, die sie notwendig immer weiter von der »Welt« entfernt. Und das wissen sie. Sie sehen darin einen Beweis für die Macht ihres Geistes oder ihrer Seele. Sie täuschen sich nicht über die Subjektivität dieser Macht. Sie alleine gegen den Rest der Welt: so sind sie gestimmt. Das Leben des Geistes ist individualisiert. Sie können dieses inwendige geistige Leben, in das sie ihr sonstiges Leben auflösen wollen, nicht mehr verstehen als Teilhabe an einem über das Individuum hinausgehenden Geist.

Daß sie das nicht können, geht daraus hervor, daß alle drei sich mit ihren Aufschwüngen als *einzigartige* Menschen empfinden. Rousseau sagt: »Ich bin nicht wie einer von denen geschaffen, die ich gesehen habe.« Kleist sagt: »Die Wahrheit ist, daß mir auf Erden nicht zu helfen war«, was bedeutet: wenn auf Erden allen anderen geholfen werden kann, so doch nicht ihm. Und Nietzsche tritt auf mit dem Anspruch, daß in ihm etwas absolut Neues und Einzigartiges in der Geschichte der Menschheit erschienen sei. Alle drei empfinden sich als Monstren, ohne Vergleichbarkeit, ohne Ähnlichkeit mit den Anderen. Man kann auch sagen: sie empfinden sich als Menschen, die nicht von dieser Welt sind. Deshalb ziehen sie sich von dieser Welt zurück. Aber weil sie das im Bewußtsein ihrer individuellen Besonderheit tun, bleibt ihr Abstandnehmen von der Welt ein Akt der Verinnerlichung. Gerade das Bewußtsein der individuellen Besonderheit – sie haben alle vom Baume der individuierenden Erkenntnis gegessen – verhindert, daß sie ihren Aufschwung als Teilhabe an einem universellen Geist verstehen können. Sie können nur aussteigen. Die alte Metaphysik mit ihrer ›objektiven‹ Art des Aufschwungs hat bei ihnen schon alle Kraft verloren. Sie bleiben ganz auf sich selbst gestellt, und das wissen sie. Wer aber sich auf sich selbst stellt, der »hat sein Sach auf Nichts gestellt«. Und deshalb bricht aus den Versuchen, sich auf sich selbst zu stellen, eine vernichtende, eine zerstörerische Kraft hervor.

Es ist das große Versprechen der alten Metaphysik, daß sie uns aus den »Höhlen« herausführen könne ans Licht, ins wahrhafte Sein. Auch das, was wir heute »Innerlichkeit« nennen, ist aus metaphysischer Perspektive eine solche »Höhle«. Die alte Metaphysik will nicht, daß wir uns in uns selbst vergraben, sie will uns nicht »verinnerlichen«, sondern sie will uns herausführen aus dem »Kerker« unseres Leibes und unserer Sinne. Aber sie will uns auch nicht an die »Welt« ausliefern, sondern aus der Innerlichkeit heraus über die Welt hinaus in eine weitaus wirklichere Welt führen; eine Welt, die keine ›subjektive‹ Einbildung ist, also kein Produkt der Verinnerlichung, sondern etwas höchst ›Objektives‹. Es ist die Welt des Geistes.

Den Geist der alten Metaphysik können wir nur verstehen, wenn wir den modernen Begriff eines bloß subjektiv-spekulativen Geistes fernhalten. Und noch weniger können wir ihn verstehen, wenn wir Denken auf ein gehirnphysiologisches Vorkommnis reduzieren, das uns in unsere Umwelt einpaßt. Heute würden wir sagen: es gibt ›Geist‹ weil wir einen Kopf, ein Gehirn haben. Die alte Metaphysik würde sagen: es gibt einen Kopf und ein Gehirn, weil es Geist gibt. Das Gehirn denkt, sagen wir heute. Damals hätte man gesagt: das Denken bedient sich des Gehirns. Das Denken gehört mir, es ist meines, sagen wir heute. Ich gehöre dem Denken, das über mich hinausgeht – so hätte man wohl damals gesagt.

Auch die alte Metaphysik will einen Weg finden in ein Zuhause. Aber es soll ein *gemeinschaftliches* Zuhause sein. Nicht nur der Maler, auch die herumstehenden Freunde sollen im Bilde Zuflucht finden. So lädt auch die alte Metaphysik zu einem Verschwinden ein. Nur ist das ein Verschwinden, das nur von heute und von außen gesehen als ein Sich-Vergraben in eine bloße Innerlichkeit erscheint. Das alte metaphysische Denken ist noch nicht an die moderne Topographie von Innen und Außen, von Innerlichkeit und Äußerlichkeit gebunden.

Für die alte Metaphysik ist die innere Erfahrung des Geistes ›wirklicher‹ als jede äußere Wirklichkeit. Für sie ist ›Geist‹ eine Intensitätssteigerung des Wirklichen. Deshalb auch ist dieser ›Geist‹ im Verständnis der alten Metaphysik stärker als jede Angst vor dem Wirklichkeitsverlust, stärker also auch als der Tod. Gerade der ›Geist‹ garantiert, daß wir niemals aus der Welt und ihrem Leben herausfallen können. Da es ›Geist‹ gibt, gibt es nicht Nichts. Warum sollten wir uns ängstigen?

Metaphysik
oder Der Versuch,
nach Hause zu kommen

Wir sind Wesen, die nicht nur sterben wie alle anderen Lebewesen auch, sondern die wissen, daß sie sterben werden. Unserem Leben ist nicht nur eine Grenze gesetzt, sondern wir *kennen* diese Grenze auch.

Die Grenze meines Lebens kann ich nur erkennen, wenn ich in irgendeiner Weise zugleich über das hinaus bin, was mich begrenzt. Ich muß also immer schon mein Ende *transzendiert* haben, wenn ich mein Ende bedenken können soll. Ich kann mir meinen Leib vorstellen – als Leiche. Ich kann mir mein Begräbnis vorstellen, die Trauer der Hinterbliebenen, die mich überleben. Überhaupt das Überleben. Ich kann mir die Tatsache vorstellen, daß eine ganze Welt mich überleben wird. Nach meinem Tod wird alles weitergehen, so wie alles auch schon vor meiner Geburt angefangen hat.

So wie ich mir eine Versammlung von Menschen vorstellen kann, bei der ich selbst nicht zugegen bin, so kann ich mir auch ein Leben vorstellen, das seinen Fortgang nimmt, ohne daß ich dabei bin.

Ich kann mir eine Welt ohne mich vorstellen.

Ich kann mich selbst wegdenken.

Kann ich das wirklich?

Wenn ich mir das alles vorstelle – meinen Tod, meine Leiche, meine Beerdigung, meine Hinterbliebenen, eine Welt ohne mich –, so bleibt doch jener unhintergehbare ›Rest‹ des vorstellenden und denkenden Ichs übrig. *Ich* denke *mich* weg. *Ich* muß übrig bleiben, damit ich *mich* wegdenken kann.

Freud hat das einmal so ausgedrückt: »Der eigene Tod ist ja auch unvorstellbar, und sooft wir den Versuch dazu machen, können wir bemerken, daß wir eigentlich als Zuschauer weiter dableiben.« Daraus hat er die These abgeleitet, »im Unbewußten sei jeder von uns von seiner Unsterblichkeit überzeugt«.

Warum aber soll man das »Unbewußte« bemühen, wenn

doch die Tatsache, daß ein denkendes Ich übrigbleiben muß beim Versuch, sich selbst wegzudenken, eine Tatsache des Bewußtseins ist? Man versuche doch einmal, die Abwesenheit des Bewußtseins zu denken. Das Bewußtsein muß anwesend bleiben beim Versuch, seine Abwesenheit zu denken. Denn es gibt kein Denken ohne Bewußtsein.

Natürlich hört das Bewußtsein auf, beispielsweise jede Nacht beim Einschlafen. Aber sein Erlöschen wird mir nicht bewußt. Wenn ich versuche, das Einschlafen bewußt zu erleben, werde ich nicht einschlafen können, und wenn ich dann glücklicherweise doch eingeschlafen bin, werde ich es nicht erlebt haben. Nur wenn ich beim eigenen Einschlafen nicht dabeisein will, wird mir die Gunst des Schlafens geschenkt werden. Der Schlaf kommt, wenn das ›ich denke‹ geht. Ich kann mir meinen Schlaf ›vorstellen‹, aber dann schlafe ich nicht. Ich kann ihn mir vorstellen aus zwei Gründen. Erstens, weil ich andere schlafen gesehen habe, und zweitens, weil ich meinen eigenen Schlaf überlebt habe, weil ich also wieder aufgewacht bin. Ich kann mir meinen Tod vorstellen. Erstens, weil ich andere habe sterben sehen; und zweitens . . . Gibt es dieses ›Zweitens‹? Gibt es die Erfahrung, daß ich meinen Tod überlebe, daß ich wieder ›aufgewacht‹ bin?

Natürlich nicht.

Aber es gibt etwas anderes. Es gibt jene soeben bezeichnete merkwürdige Tatsache unseres Bewußtseins: daß es sich nicht wegdenken läßt, daß ich mein Ende zwar denken kann, daß aber dieses denkende Ich das gedachte Ende stets überleben muß, damit es dieses Ende denken kann. Ich kann mein Sterben denken; aber denkend kann ich nicht das Sterben des Denkens denken.

Mit diesen Überlegungen sind wir ins Herz der alten Metaphysik gelangt.

Die Idee der Unsterblichkeit verdankt sich keiner weltüberfliegenden Spekulation, sondern einer intimen Vertrautheit mit der merkwürdigen Paradoxie unseres Geistes. Wie Sokrates sich auf den Tod vorbereitet und wie er schließlich stirbt, das ist, in der platonischen Darstellung im »Phaidon«, die Urszene dieser alten Metaphysik, die lange vor Christi Geburt schon triumphierend ausgerufen hat: »Tod, wo ist dein Stachel!« Unser körperliches Leben ist dem Tod geweiht und hat darum Angst. Der Gedanke, der Geist nun wagt die Wette gegen den Tod. Vermag ein todgeweihtes Leben allein aus der Kraft des Geistes in Würde zu Ende gelebt werden? Und mehr noch: Kann, von Geistes wegen, der Tod nicht nur ohne Angst in Kauf genommen, sondern sogar gesucht werden? Das müßte dann aber ein Geist sein, der noch auf ganz andere Weise »lebendig« ist, als es das Leben je sein kann.

Die Geschichte vom Tod des Sokrates ist auch eine Experimentalanordnung: das Denken wird daraufhin geprüft, ob es das Leben so verwandeln kann, daß es ohne Angst und sogar im Triumph zu sterben vermag. Wohlgemerkt: sterben nicht in der Lust der Vernichtung, sondern in der Gewißheit eines lebendigen Seins, das stärker ist als der Tod und über diesen Tod hinausträgt.

Die alte Metaphysik vergewissert sich eines Geistes, den ich in mir finde, der mich aber so trägt, wie mich nur etwas tragen kann, das ich mir nicht selbst als Haltevorrichtung zurechtgemacht habe. Die alte Metaphysik vergewissert sich eines Geistes, von dem gilt: nicht ich habe ihn ausgedacht, sondern umgekehrt: er hat sich mich ausgedacht. Ich denke, weil ich bedacht worden bin. In meinem Denken nehme ich teil an einer Kraft, die mich denken läßt. Und das gibt mir eine Lebendigkeit, die dem Tode trotzt – mit Gelassenheit, nicht mit Aufbäumen.

Sokrates ist verurteilt, den Schierlingsbecher zu trinken. Am Tage seines Todes versammeln sich noch einmal seine Schüler um ihn. Die Ehefrau und das Kind schickt er weg: mit Philosophieren will er auch seine letzten Stunden hinbringen. Der Gefängnisdiener mahnt: das viele Reden erhitze, so werde das Gift in seiner Wirkung gehemmt und er deshalb vielleicht seine Qual vermehren, weil er mehr davon trinken müsse. Sokrates nimmt dies in Kauf, nichts soll ihn in den letzten Augenblicken vom Philosophieren abbringen. Einem anderen Philosophen, der nicht zugegen ist, läßt er einen Gruß ausrichten. Euenos, so heißt dieser Mann, möge aufhören, ihn zu bedauern und, wenn er klug ist, ihm nachfolgen in den Tod. Die Schüler sind erschrocken. Daß eine philosophische Gesinnung helfen kann, getrost zu sterben, davon sind auch sie überzeugt, aber Sokrates radikalisiert seine Position: »Diejenigen, die sich auf rechte Art mit der Philosophie befassen, mögen wohl, ohne daß es freilich die anderen merken, nach gar nichts anderm streben als nur zu sterben und tot zu sein.« Vorausgesetzt, es verhält sich so mit dem Philosophieren, dann würde der Philosoph unglaubwürdig, wenn er in der Stunde des Todes, im Ernstfall also, schwach und ängstlich würde, sich an sein Leben klammerte, und nicht gelassenen oder sogar frohen Herzens davonginge. Sokrates argumentiert mit dem Ethos der Philosophie: recht betrieben, bereite sie nicht nur aufs Sterben vor, sondern sei bereits ein Akt des Sterbens im Leben.

Nietzsche wollte in dieser Argumentationsfigur die ganze Schwächlichkeit, den lebensmüden Defensivgeist der alten Metaphysik aufdecken. Diese Metaphysik empfehle, so Nietzsche, gegen das Sterben am Ende unserer Lebensfrist das vorfristige Sterben. Damit vom schließlichen Tode möglichst wenig Lebendiges betroffen wird, fängt man am besten schon damit an, hinzuschwinden, abzusterben: dem Tod, wenn er dann wirklich eintritt, bleibt so nur noch wenig zu tun.

Gegen das Sterben hilft nur das Sterben – ist das wirklich die Empfehlung des Metaphysikers?

Nicht nur unserem heutigen antimetaphysischen Denken kommt diese Empfehlung masochistisch vor. Auch die Schüler des Sokrates protestieren. Deshalb versucht Sokrates ihnen begreiflich zu machen, daß das philosophische »Sterben« nicht eine Verminderung, sondern eine Steigerung der Lebendigkeit bedeute. Das kann er aber nur, indem er zunächst auf die damals konventionell-religiöse Auffassung zurückgreift, wonach der Tod kein absolutes Ende des individuellen Lebens bedeutet, sondern lediglich eine *Trennung* zweier Substanzen: des Körpers von der Seele. Der Körper ist das Sterbende. Er ist den Wechselfällen von Gesundheit und Krankheit ausgesetzt. Er verwickelt uns in zerstörerische Leidenschaften: »Denn auch Kriege und Unruhen und Schlachten erregen uns nichts anderes als der Leib und seine Begierden.« Vor allem aber halten uns die Sinne des Körpers in einer Scheinwelt gefangen. Wir sind dem Trug und der Täuschung ausgeliefert und können, als körperliche Wesen, nie zureichend erkennen, was das Sein in Wahrheit ist. Unser körperliches Sein trennt uns vom wahren Sein. Wir sind nicht nur *mit* unserem Leib geschlagen, wir sind auch *an ihn* geschlagen. »Weil jegliche Lust und Unlust gleichsam einen Nagel hat und sie an den Leib annagelt und anheftet und sie leibartig macht, wenn sie dann glaubt, daß das wahr sei, was auch der Leib dafür aussagt.«

Das Glück der Erkenntnis als Triumph über den Körper bedeutet für den platonischen Sokrates nicht nur die Befriedigung einer theoretischen Neugier oder den Erwerb instrumentellen Wissens, das lebenspraktischen und naturbeherrschenden Zwecken dient. »Wahrheit« ist nicht eine Erkenntnisbeziehung im heutigen Sinne: sie ist nicht nur ein richtiges prädikatives Urteil über einen »Gegenstand«. Die »wahre« Erkenntnis ist vielmehr ein Übergang: von einem minderen in ein volleres Sein. In der »Wahrheit« wird nicht einfach »Wirklichkeit« erkannt, sondern Erkennen bedeutet: *wirklicher* zu werden.

Für Sokrates ist das Organ solchen Erkennens die Seele. Kommen wir auf unsere Seele zurück, nehmen wir teil an diesem wirklicheren Sein. Philosophieren sei, sagt Sokrates, ein Zurückziehen der Seele aus der »Gemeinschaft mit dem Leibe«, sei der Versuch, noch im Zustand der Vermischung des Körpers und der Seele die »Seele für sich allein zu haben«.

Doch was »hat« man, wenn man in dieser Weise die »Seele« für sich alleine hat?

»Seele« ist für Sokrates nicht, was wir heute darunter verstehen: die Empfindungen, die Gefühlsregungen, Stimmungen etcetera. Nicht die »Psyche« ist damit gemeint, sondern das Leben des Geistes. In der körperlichen Wirklichkeit gibt es ein Werden und Vergehen, einen steten Wechsel. Nichts bleibt sich gleich. Anders im Geist: er ist dem Wechsel enthoben; ein Gedanke bleibt sich selbst gleich, er verändert sich nicht und kann nur durch einen anderen Gedanken verdrängt oder mit einem anderen Gedanken verknüpft werden. Ich fasse einen Gedanken zu einem bestimmten Zeitpunkt und an einem bestimmten Ort, doch der Gedanke selbst ist an keinen Ort und an keine Zeit gebunden. Ein Gedanke nährt sich von Sinneseindrücken, aber er hat die starke Tendenz, sich von ihnen zu lösen. Er gewinnt eine von der Sinnlichkeit unabhängige Beweglichkeit. Er kann auf die Sinnlichkeit als »Herrscher« zurückwirken. Das Entscheidende aber ist: das Denken, obwohl es die normale Lebenstätigkeit unterbricht und auch nicht in ihrem unmittelbaren Dienste steht, ist begleitet von einem ganz eigenen Gefühl der Lebendigkeit. Xenophon berichtet, wie Sokrates einmal während eines Militärlagers, zu dem er eingezogen worden war, vierundzwanzig Stunden ohne Bewegung an einem Ort stehen blieb, tief in Gedanken versunken, wie wir sagen würden. Er habe, so Xenophon, auch sonst die Gewohnheit gehabt, »seinen Geist auf sich selbst zu richten«, den Kontakt mit anderen abzubrechen und, wo er sich gerade befand, »taub gegen die nachdrücklichste Ansprache« zu werden.

Dieses Leben des Geistes wird als außerordentlich »wirklich« erfahren und ist doch unsichtbar, weil unkörperlich. Und weil es unkörperlich ist, ist es unabhängig von den Grenzen des Körperlichen. Die Körper sind voneinander abgegrenzt, der Geist läßt sich nicht abgrenzen. Er ist rezeptiv, das heißt: er erfaßt, was außer ihm ist. Er ist reflexiv, er kann sich auf sich selbst beziehen. Er kennt keine Irreversibilität, er kann vor und zurück gehen in der Zeit. Er hat Spontaneität, kann also nicht nur weitermachen wie bisher, sondern auch neu anfangen.

Das alles zusammengenommen bedeutet: der Geist ist immer schon über das hinaus, was in der Dimension der verkörperten Welt »der Fall ist«. Dieses Darüberhinaussein wird am deutlichsten erfahren im Nachdenken über den Tod und das Nichtsein. Das ist jene bereits erwähnte Merkwürdigkeit unseres Bewußtseins: daß es schlechterdings unmöglich ist, das eigene Nicht-Sein, das Nicht-Sein des eigenen Bewußtseins, den eigenen Tod also, zu denken.

Für den platonischen Sokrates und für die ganze nachfolgende große abendländische Metaphysiktradition liegt die entscheidende Gewißheit und Evidenz der Unsterblichkeit der Seele in dieser *Selbsterfahrung des Geistes*. Sie liegt primär in der Erfahrung des Denkens selbst und nicht darin, was man sich im einzelnen »ausdenken« kann, um die Unsterblichkeit der Seele zu beweisen. Der platonische Sokrates denkt sich auch einiges aus: er trägt vier »Beweise« für die Unsterblichkeit der Seele (nach ihrer Trennung vom Körper) vor, aber er ist bescheiden genug, ihnen lediglich eine »Wahrscheinlichkeit« zuzubilligen. Es bleibt dabei: die tragende Gewißheit liegt im Akt des Denkens selbst und nicht in den einzelnen Beweisen.

Was sich der platonische Sokrates im einzelnen ausdenkt, ist in der Metaphysik der nachfolgenden Jahrhunderte vielfach variiert, umgeformt und verworfen worden. Schon die Schüler des Sokrates haben in diesem letzten Gespräch vor dem Tode ihre Zweifel angemeldet.

Der erste »Beweis« resultiert aus einer kurzschlüssigen Verbindung des Logischen mit dem Ontologischen. Im Bereich des Logischen gilt: das Entgegengesetzte bedingt sich wechselseitig. Mit dem »Guten« setzte ich zugleich seinen Gegensatz, das »Böse«, mit dem »Schönen« das »Häßliche«, mit dem

»Geraden« das »Ungerade« usw. Mit dem »Leben« setze ich auch den »Tod«. Und nun erfolgt der Übergang vom Logischen ins Ontologische, denn Sokrates fährt fort: Also geht das Lebendige nicht nur in das Tote über, sondern auch umgekehrt: das Tote wird wieder lebendig. Damit, und so schließt der »Beweis«, kann ich hoffen, daß meiner Verwandlung ins Totsein eine neuerliche Verwandlung ins Lebendigwerden folgt.

Der zweite »Beweis« argumentiert mit dem Herzstück der platonischen Erkenntnistheorie: der Wiedererinnerungslehre. Jedes Erkennen bedeutet, daß man das zu Erkennende auf etwas bereits Bekanntes bezieht. Es gibt einen Schatz von »Bekanntschaften«, die wir uns nicht erworben, sondern mit denen wir auf die Welt gekommen sind: eingeborene Ideen. Der platonische Sokrates folgert daraus: also ist meine Seele älter als ihre aktuelle Gemeinschaft mit meinem Körper. Deshalb kann ich annehmen, daß sie auch nach der Trennung von meinem Körper weiterexistieren und sich vielleicht die Gemeinschaft mit einem neuen Körper suchen wird.

Der dritte »Beweis« stützt sich auf die Einteilung alles Seienden in Sichtbares und Unsichtbares. Werden und Vergehen, Zusasmmensetzung und Teilung finde nur im sichtbar Seienden statt. Da aber die Seele dem Unsichtbaren zugehöre, könne sie deshalb vom Werden und Vergehen, vom Zusammensetzen und dem Zerfallen in Teile nicht betroffen sein.

Der vierte »Beweis« argumentiert essentiell. Es sei das »Wesen« der Seele, den Körper zu beleben. Das Leben gehöre also essentiell zur Seele. Deshalb könne die Seele nicht das gegensätzliche Wesen, den Tod also, in sich aufnehmen.

Allein die Tatsache, daß mehrere »Beweise« vorgetragen werden, weist darauf hin, daß es ihnen im einzelnen an Verläßlichkeit mangelt. Sie werden im »Phaidon« deshalb auch ein »Notkahn« genannt, auf dem man versucht, »durch das Leben zu schwimmen«. Verläßlicher ist, wie gesagt, die Selbsterfahrung des Geistes. Diese Erfahrung bezieht sich auf die *Potenz* des Geistes, ohne die dabei gewonnene Selbstgewißheit unbedenklich auszudehnen auf die einzelnen Manifestationen des Gedachten.

Diese Selbsterfahrung des Geistes – Sokrates nennt das: »die Seele für sich alleine zu haben« – würde man gründlich mißverstehen, wenn man sie mit unseren heutigen Begriffen von Innerlichkeit und Äußerlichkeit interpretierte. Sokrates spricht zwar davon, daß man die »Seele möglichst vom Leibe absondere und sie gewöhne, sich von allen Seiten her aus dem Leibe für sich zu sammeln und zusammenzuziehen«, aber das ist keine private Innerlichkeit, worin die Seele sich auf sich selbst bezieht. Das Individuelle liegt vielmehr im Körper: er spaltet uns ab und vereinzelt uns. Wenn wir dagegen auf die Seele zurückkommen, so verbinden wir uns mit einem universellen Sein, von dem uns der Körper, als ein minderes, weil vereinzeltes Sein, trennt.

Mit unseren heutigen Begriffen gesprochen: die Seele repräsentiert das ›Objektive‹ und deshalb Gehaltvolle und das eigentlich Welthaltige. Der Körper und unsere Sinnlichkeit sind das bloß ›Subjektive‹, Ephemere. Er ist wesenlos und deshalb auch weltlos. Wenn wir uns also in unsere Seele zurückziehen, werden wir nicht etwa weltlos, sondern es ist genau umgekehrt: erst wenn wir uns in unsere Seele sammeln, kommen wir richtig zur Welt, kommen wir in die richtige Welt.

Platons Darstellung vom Tode des Sokrates soll beweisen: Es ist nicht wahr, daß jeder für sich alleine stirbt. Der Tod ist nicht der Augenblick der größten Einsamkeit. Der sterbende Sokrates ist in dreifacher Hinsicht *nicht allein*.

Erstens: in der Selbsterfahrung des Denkens vergewissert er sich eines Seins, das ihn trägt, dem er zugehört auch über den individuellen Tod hinaus. Dieses übergreifende Sein aber kann sich Sokrates, der Philosoph des Marktplatzes und des öffentlichen Gesprächs, nur als eine gesteigerte Version des athenischen Marktes und des öffentlichen Lebens vorstellen. Er wird fortfahren, so malt er es seinen Zuhörern aus, die Menschen zu befragen: »Nun aber wißt nur, daß ich zu wackeren Männern zu kommen hoffe.«

Zweitens: Obwohl Sokrates an seiner individuellen Vernunft festhält, gibt er die Bindung an die religiöse Gemeinschaft nicht preis. Die religiöse Gemeinschaft wird durch einen Mythos geschaffen. Wenn man sich zuvor seiner Vernunft bedient hat, sagt Sokrates, dann kann man es auch »wagen«, dem Mythos zu glauben. Den Glauben an den Mythos – für Sokrates ist es vor allem der Mythos der Seelenwanderung – nennt er ein »schönes Wagnis und man muß mit solcherlei gleichsam sich selbst besprechen«. Zwischen der Selbsterfahrung des Denkens, der Vernunft also, und dem Mythos gibt es für ihn keinen grundlegenden Widerspruch. Die Vernunft hat ihn zu dem Gedanken der Unsterblichkeit geführt, und der Mythos bestätigt ihn. Es ist eine Bestätigung durch den Geist des Kollektivs.

Drittens: Sokrates verbringt seine letzten Stunden im Gespräch mit den Freunden und Schülern.

In einem höchst konkreten Sinne stirbt Sokrates nicht für sich allein. Bis zum letzten Augenblick teilt er mit den anderen die gemeinsame Welt. Es gibt keinen Rückgang in die Weltlosigkeit, keine Höhle der Innerlichkeit. Auch in der Todesstunde bleibt das Philosophieren des Sokrates ein öffentliches Unternehmen. Sein Denken ist in dieser Öffentlichkeit geborgen. Auch die Gedanken des Sterbenden sind nichts weniger als »innerliche« Gedanken. Sokrates, von der Gemeinschaft getragen, übernimmt, gleichsam als Dank, Verantwortung für die Gemeinschaft – und das auch im letzten Augenblick.

Es könnten ja, so sagt Sokrates am Ende des Gesprächs, seine Gedanken zur Unsterblichkeit der Seele falsch sein, dem Gemeinschaftsleben jedoch werden sie dann trotzdem gedient haben: »Wenn es für die Toten nichts mehr gibt, werde ich doch wenigstens diese Zeit noch vor dem Tode den Anwesenden weniger unangenehm sein durch Klagen.«

Für einen Augenblick öffnet sich der Abgrund des Zweifels. Aber Sokrates stürzt nicht hinein. Weil er mit seinen Gedanken mindestens ebensosehr bei den anderen ist wie bei sich selbst, gibt ihm die Gewißheit Halt, diesen anderen ein ermutigendes Beispiel gegeben zu haben. Man könnte sagen: die Überwindung der Todesangst ist für ihn auch eine *soziale Aufgabe*. Er ist auf eine tröstliche Weise durchdrungen von der öffentlichen Verantwortung seines Sterbens. Das Sterben ist für Sokrates keine existentielle Grenzsituation, die man in Einsamkeit nur mit sich selbst zu bestehen hat. Man hört nicht auf, einer großen Ordnung des Seins, das auch das Gemeinschaftsleben umschließt, anzugehören.

Aus diesem Geist heraus argumentiert Sokrates gegen den Selbstmord. Bereits im ›reinen‹ Denken kommt er zu dem Schluß, daß man nicht nur sich selbst gehört, sondern dem Sein, den Ideen des Guten, Gerechten etcetera verantwortlich ist. Deshalb gibt es auch keine absolut freie Verfügung über das eigene Leben. Aber gerade bei diesem Gedanken versichert er sich des religiös-mythologischen Beistandes: Wir gehören zur Herde der Götter und deshalb dürfen wir nicht Hand an uns legen.

Sokrates hätte, wie man weiß, aus dem Gefängnis entfliehen können. Aber er tut es nicht. Bis zuletzt bleibt er den Gesetzen der Gemeinschaft, die ihn verurteilt hat, verbunden. Er gehorcht ihnen, auch wenn er davon überzeugt ist, daß sie in seinem Falle ungerecht gehandhabt worden sind. Aber der Form des Gesetzes war Genüge getan worden: eine Mehrheit hat sich gegen ihn ausgesprochen, und deshalb weigert er sich, das an ihm begangene Unrecht mit einem Ungehorsam gegen die Gesetze der Gemeinschaft zu beantworten.

Er kann ohne Angst sterben. Dreifach wird er gehalten: *von dem im Denken erfahrbaren Sein, von Gott und von der Gemeinschaft*. Für die alte Metaphysik aber gehören diese drei Dimensionen zusammen. Die Erkenntnis der Wahrheit ist nichts anderes als die Erfahrung, in dieser dreifachen und eben doch nur einfachen Weise *zugehörig zu sein.* Die Erkenntnis der Wahrheit gibt mir die ruhige, angstüberwindende Gewißheit, zu einer großen Ordnung zu gehören.

Die Wahrheit der Liebe

Metaphysik gibt es, weil die ›Physik‹ des Lebens Schmerz, Angst und Tod bereithält. Metaphysik erklärt die Wirklichkeit, an der man leidet, zur ›Oberfläche‹, zur Erscheinung, und bietet einen Blick in die Tiefe an, ins ›Wesen‹ der Wirklichkeit, wo sie eine Ordnung entdeckt, mit der sich das Denken vereinigt. Metaphysik findet in einer fremden, bedrängenden Welt Geborgenheit, indem sie sich einer ›eigentlichen‹ Welt vergewissert. Metaphysik will die quälende, verwirrende Unverständlichkeit der Welt verstehbar machen, indem sie das Denken auffordert, einen Schritt weiter zu gehen, als die menschlichen Sinne von sich aus wollen. Die Metaphysik lehrt die verängstigten Menschen, ihren Augen und Ohren, die wenig Erfreuliches vermelden, nicht zu trauen. Sie gibt ihnen dafür ein ›geistiges Auge‹ und ein ›geistiges Ohr‹. Mit ihnen soll man eine Welt entdecken, in der man Heimatrecht besitzt. Die letzte Botschaft der Metaphysik lautet stets: Warum ängstigt ihr euch, ihr seid nicht alleine, ihr seid umfangen von einer großen Ordnung, die euch trägt! Metaphysik ist Protest gegen die monströse Gleichgültigkeit leerer Räume und wirbelnder Materie. Metaphysik glaubt an die Lesbarkeit der Welt, an eine Geheimschrift, deren Sinn sich entziffern läßt.

In den griechischen Anfängen der Metaphysik war nicht zu erwarten, daß sie auch einmal eine pessimistische Wendung nehmen könnte, daß sie am Grunde des Seins statt der guten Ordnung den Abgrund entdecken, daß sie nicht im Gefühl der Geborgenheit, sondern im Entsetzen enden könnte.

Düstere ›Wahrheiten‹ zirkulierten auch in der griechischen Antike. »Das Beste wäre, nicht geboren zu sein«, lautet der Spruch des Silen, eines Gefährten des Dionysos. Die griechische Metaphysik aber kam ja gerade deshalb auf, weil solchen dunklen Wahrheiten der Mythologie hellere entgegengesetzt werden sollten, Wahrheiten, die das Leben als lebbar und den Tod als nicht tödlich erscheinen lassen sollten.

Aber am Ende ihrer zwei Jahrtausende währenden Geschichte ist die Metaphysik von der Verzweiflung, die sie überwinden wollte, selber überwältigt worden. Der Blick auf die monströse Gleichgültigkeit leerer Räume und auf eine Materie, in der ein blinder Wille tobt, wird, bei Schopenhauer etwa, eine ihrer letzten Pointen sein: »Im unendlichen Raum zahllose leuchtende Kugeln, um jede von welchen etwa ein Dutzend kleinerer beleuchteter sich wälzt, die, inwendig heiß, mit erstarrter Rinde überzogen sind, auf der ein Schimmelüberzug lebende und erkennende Wesen erzeugt hat – dies ist die empirische Wahrheit, das Reale, die Welt.« (Schopenhauer)

Aber diese Verzweiflung, in der antiken Metaphysik niedergerungen, hatte sich bereits in der frühen christlichen Metaphysik gerührt.

Die antike Metaphysik hatte über das in sich ruhende, abgeschlossene Sein nachgedacht. Die christliche Metaphysik, die vom biblischen Schöpfungsbericht ausging, begann bei Augustin damit, über das beängstigende Nichts zu meditieren. Gott hat die Welt aus dem Nichts geschaffen, und deshalb kann sie auch wieder nichtig werden.

Augustin stellt in seinen »Bekenntnissen« die fast komische Frage: »Was tat Gott, bevor er Himmel und Erde schuf?« und gibt am Ende einer ausführlichen Betrachtung die fast noch komischere Antwort: »Ehe Gott Himmel und Erde machte, machte er nichts.« Der untätige Gott entschied sich »irgendwann« einmal dazu, das Sein sein zu lassen; und er kann dieses Sein jederzeit in einem anderen Sinne ›sein lassen‹, nämlich verschwinden lassen.

Gott ist die absolute Freiheit; keine Notwendigkeit, die unser Verstand nachvollziehen könnte, bindet ihn. Und deshalb gibt es im Sein nicht diese beruhigende Notwendigkeit, die die griechische Metaphysik darin entdeckt hat. Die christliche Metaphysik entdeckt am Grunde des Seins die unergründliche göttliche Freiheit.

Das bedeutet: *Das Sein trägt sich nicht selbst.* Als »creatio ex nihilo« bleibt es auf die »creatio continua« angewiesen. Die Welt und die Menschen können sich nicht selbst erhalten, sondern nur der stete Zustrom göttlicher Gnade erhält sie. Für die griechische Metaphysik war der Mensch, sofern er »denkt«, ein sich selbst erhaltendes Wesen. Denn im Denken wurde er eins mit dem sich selbst erhaltenden Sein.

Die christliche Metaphysik kennt ebenfalls eine sich selbst erhaltende Kraft: Gott. Aber Gott können wir nicht denken, denn in Gott gibt es keine gedanklich nachvollziehbaren Notwendigkeiten, er ist absolute Spontaneität oder Freiheit. Weil wir Gott, diesen Ursprung des Seins, nicht denken können, können wir unsere Selbsterhaltung auch nicht durch das Denken gewinnen. Erkenntnisse helfen dem Menschen nicht, sie geben ihm nicht jenen Halt, den noch die griechische Metaphysik versprach.

In der christlichen Metaphysik ist der Mensch in seiner Hinfälligkeit nicht primär ein erkenntnisbedürftiges, sondern ein *liebesbedürftiges* Wesen.

Man sollte nicht vergessen, daß die christliche Metaphysik mit ihren Gottesspekulationen zugleich ins Zentrum der menschlichen Erfahrung vorstoßen wollte. Der Umweg über die Gottesspekulation bewahrte sie davor, zu niedrig vom Menschen zu denken. Und so fand sie die Kühnheit, eine menschliche Grundtatsache – daß der Mensch ohne Liebe lebensunfähig ist – zum kosmischen Prinzip zu erheben: Weder die Welt noch der Mensch könnten, lehrt die christliche Metaphysik, ohne die Liebe Gottes auch nur einen Augenblick existieren. Für die Liebe Gottes gilt dasselbe wie für seine Freiheit. Nichts kann sie zwingen. Sie ist absolute Freiwilligkeit und Spontaneität. Wir können nicht mit ihr rechnen, wie wir mit dem Eintreffen eines Geschehens rechnen können, dessen Notwendigkeit wir eingesehen haben. Die Liebe Gottes kann ich nur erfahren in meiner eigenen Liebe zu Gott. Selbstvertrauen und Weltvertrauen gibt es für die christliche Metaphysik allein durch die Erfahrung dieser Liebe.

Dieses Denken ist von bemerkenswertem Realismus, denn es spiegelt sich in ihm eine Erfahrung, die jeder gemacht hat, die aber die meisten in ihrem erwachsenen Alter verdrängen: Nur wenn wir einmal von Liebe gehalten worden sind, können wir später uns selbst aufrecht halten. Irgendwann einmal müssen wir geliebt worden sein, damit wir uns selbst lieben können; und nur wer sich selbst lieben kann, vermag auch einen anderen zu lieben; und nur wer lieben kann, wird geliebt und bleibt darum im Strom des Lebendigen. Es war demnach keine schlechte Idee der christlichen Metaphysik, die Liebe ins Herz der Welt zu setzen, sie als Kraft der Selbsterhaltung und Welterhaltung zu deuten. Der ontologische Grundsatz der christlichen Metaphysik lautet also: *Geliebtwerden ist eine Voraussetzung des Seinkönnens.*

Dieser ›Grundsatz‹ wird dem nichtgläubigen Menschen heute verwunderlich und inakzeptabel vorkommen. Zur Not wird er ihn für die frühkindliche Entwicklung des Menschen gelten lassen. Dann aber kommt man mit liebenden Müttern und Vätern aus und braucht keinen Gott zu ›erfinden‹. Wer die Ontologie der Liebe für den Menschen gelten lassen, aber aufgeklärter Religionskritiker bleiben will, wird argumentieren: die Menschen haben sich einen liebenden Gott ›erfunden‹, um den Mangel an Liebe in ihren Lebensverhältnissen auszugleichen.

Solche Religionskritik unterbietet, wie so häufig, das Kritisierte. Denn um projektive Mechanismen zu durchschauen, dazu braucht es wenig Einsicht. Wir können sie der christlichen Metaphysik ruhig zutrauen. Es ist nicht die unterstellte Naivität der Projektion, die die christliche Metaphysik veranlaßt, die menschenbezogene Ontologie der Liebe auszudehnen zu einer Fundamentalontologie des Seins. Die christliche Metaphysik kann nicht akzeptieren, warum es eine unaufhebbare Differenz zwischen dem kreatürlichen Menschen und der übrigen kreatürlichen Welt geben sollte. Weil sie vom Zusammenhang des Kreatürlichen ausgeht, ist die Annahme plausibel, daß im Menschen, weil er Bewußtsein hat, am deutlichsten und dringlichsten erfahrbar wird, was es mit dem Sein überhaupt auf sich hat und wessen es bedürftig ist, um sein zu können. Wenn der Mensch sich nur durch Liebe erhalten kann, warum sollte für die nichtmenschliche kreatürliche Natur etwas anderes gelten? Wodurch wird sie denn erhalten – wenn sie nicht aus sich selbst angefangen hat und sich selbst nicht erhalten kann? Es muß also ›Liebe‹ im Weltspiel sein, wenn es seinen Fortgang nehmen soll.

Diese Prämisse: daß die Natur sich selbst nicht erhalten kann, wird die frühe Neuzeit entschieden bestreiten – und das wird schließlich jene Metaphysik der Einheit von Liebe und Sein zusammenbrechen lassen.

Denn seit der frühen Neuzeit gilt die entgegengesetzte Prämisse: Die Natur ist so eingerichtet, daß sie sich selbst erhält. In ihr sind Gesetzmäßigkeiten am Werk – wir können sie erforschen –, die fast alle Bestandserhaltungsgesetzmäßigkeiten sind. Aus dem Keim wird die Frucht, die wieder einen Keim erzeugt. Der Natur sind die Kräfte des Wachstums inhärent. Das führt zum Gedanken der Natur-Evolution. Newtons Trägheitsprinzip ist die erste ›klassische‹ Formulierung einer Bestandserhaltungsgesetzmäßigkeit: Jeder Körper beharrt in seinem Zustand – sei es dem der Ruhe oder der Bewegung –, solange nicht andere Kräfte auf ihn einwirken. Für diese ›anderen‹ Kräfte aber gilt ebenfalls das Trägheitsprinzip: Sie können nicht anders, als so zu wirken, wie sie wirken, wenn sie nicht von anderen Kräften daran gehindert werden, usw. Das 19. Jahrhundert findet dann das zweite ›klassische‹ Erhaltungsgesetz: das Gesetz von der Erhaltung der Energie. Im ganzen

Kosmos gibt es weder eine Zu- noch Abnahme der vorhandenen Energie, sondern nur Umwandlungen der Energieformen, in Materie z. B.; Umwandlungen, die selbst wieder gesetzförmig beschrieben werden können. So gelangt die Neuzeit zu einem Weltbild, demzufolge der Kosmos zu seiner Erhaltung nicht des steten Zustroms der Gnade und der Liebe eines Schöpfers bedarf. Die »creatio continua« wird weggedacht beziehungsweise in den Naturprozeß hineingedacht. Giordano Bruno war in der frühen Neuzeit einer derjenigen, der das moderne Dogma der natürlichen Selbsterhaltung mit der Liebesbedürftigkeit der Natur verbinden wollte. Sein kühner Vorschlag: Man müsse den Naturprozeß selbst als eine Art Liebesgeschichte ansehen. Die unerschöpfliche Kreativität ist Selbstliebe, Selbstbejahung der Natur. Doch Brunos Vorschlag bleibt eine Abzweigung vom Hauptstrom der neuzeitlichen Säkularisierung. Diese mündet in die Vorstellung der Welt und des Kosmos als eines mechanisch oder energetisch aufgefaßten »perpetuum mobile«.

Indes, die Anfänge, die »creatio ex nihilo«, bereiteten dem modernen Weltselbsterhaltungsdenken doch noch erhebliche Schwierigkeiten. Die Gesetze der Selbsterhaltung lassen sich plausibel machen, aber wie hat das alles angefangen, was sich dann im folgenden erhält und wächst? Das Selbsterhaltungsgesetz setzt ja voraus, daß schon etwas da ist, das sich erhält. Die Gesetze der Erhaltung müssen an ihrem Anfang erhalten haben, was sie dann erhalten können. Es muß einen Anfang geben und vor dem Anfang war Nichts – oder eben: Gott und das Nichts.

Während einer Übergangszeit (die teilweise noch bis in die Gegenwart reicht) hielt man an der »creatio ex nihilo« fest: in Gestalt der Uhrmacherhypothese.

Gott hat die Uhr gebaut, hat sie mit einem Werk wohleingerichtet, und jetzt läuft sie. Nur schlechte Uhren bedürfen eines Eingriffs des Uhrmachers. Aber Gott, die Vollkommenheit, baut keine schlechten Uhren.

Die Uhrmacherhypothese beflügelte die theoretische, forschende Vernunft. Denn sie konnte sich nun zutrauen, das Räderwerk zu begreifen, zuerst andächtig staunend vor Gottes vollkommenem Wunderwerk, dann mit dem Willen einzugreifen und mit Hilfe der Kenntnis der Gesetzmäßigkeiten eigene Werke zu verfertigen.

Die Uhrmacherhypothese war auch die eleganteste Art, den Gnadeninterventionismus überflüssig zu machen. Von nun an konnte die Natur gnadenlos ablaufen. Das hatte eine spürbare Abkühlung der Weltverhältnisse zur Folge, was freilich durch eine andersartige Erhitzung kompensiert wurde, denn man begann, diese ›abgekühlte Natur‹ technisch zu beherrschen und sich dienstbar zu machen. In der Moderne schließlich ist der göttliche Uhrmacher obsolet geworden – bleibt das Problem des Anfangs. Urschleim, Urknall, Urnebel – das sind alles schlechte Anfänge, weil sie immer schon angefangen haben, wenn es mit ihnen anfängt.

An diesem Punkt, beim Anfang also, wird die eigenartige Abgründigkeit der biblischen Genesis – Gott schuf Himmel und Erde aus dem Nichts – spürbar. Der Schöpfungsglaube setzt eine absolute Spontaneität, also eine Nicht-Notwendigkeit an den Anfang. Gott war durch nichts gezwungen, eine Welt zu schaffen, weshalb wir auch keine zwingenden Gesetze werden entdecken können, die dazu führen mußten, daß es diesen ganzen Kosmos, diesen Urschleim und Urnebel gegeben hat. Das ist – modern gesprochen – absolute Kontingenz. Kontingenz heißt: was es gibt, hätte es auch genausogut nicht geben können. Der Schöpfungsglaube setzt Gottes ›freie‹ Entscheidung fürs Sein gleich mit seiner Liebe. Liebe ist der Seinsgrund. Aber da Liebe frei ist, wird jeder Versuch, ihre Notwendigkeit zu ergründen, vergeblich sein; so vergeblich wie der Versuch, die Notwendigkeit zu ergründen, daß da überhaupt etwas angefangen hat. Der Schöpfungsglaube macht aus dem Abgrund des Anfangs den unerklärlichen Anfang einer Liebe zum Sein. Er läßt sich nicht erkennen, sondern nur im Glauben ergreifen. Glaube aber heißt, auf Liebe mit Liebe zu antworten. Die Moderne kann auf das Sein nicht mehr mit Liebe antworten, deshalb behält sie von der »creatio ex nihilo« nur noch den Aspekt der Nicht-Notwendigkeit zurück, die Kontingenz des Anfangs. Das aber ist ein unerträglicher Gedanke, weshalb ihn auch kein Mensch richtig denken und schon gar nicht in sein Lebensgefühl aufnehmen kann. Denn der Mensch ist, wie schon gesagt, ein liebesbedürftiges Wesen. Er kann nur schlecht auf das Gefühl verzichten, »gemeint« zu sein. Er bleibt Ptolemäer.

Die Trennung von Vernunft und Glauben

Das Mittelalter hat der Vernunft nicht die Kraft zur menschlichen Selbsterhaltung zugetraut, sondern an die Kräfte des Willens und des Gemüts appelliert: Glaube, Liebe, Hoffnung – und die Gott wohlgefälligen Taten, die daraus folgen.

Gott, der einen erhält, wird man nicht mit der Vernunft begreifen, sondern nur mit »reinem Herzen« und der Bereitschaft des Willens empfangen können.

Trotzdem hat das Mittelalter Kathedralen der begrifflichen philosophischen Spekulation errichtet. Die scholastischen Lehrgebäude des Anselm von Canterbury, Thomas von Aquin oder Albertus Magnus sind in sich hochrationalistische Gebilde, die ganz unbescheiden versuchen, Gottes Gedanken zu denken. Aber sie trauen sich das nur mit der Kraft des Glaubens zu. Das Denken baut auf einem Grund, der seinerseits nicht durch das Denken selbst gelegt worden ist. Die Denkgebäude sind deshalb keine selbsttragenden Konstruktionen. Würde die Glaubensprämisse als erlebte Wirklichkeit fehlen, stürzte alles zusammen. Gotteswissenschaft, Naturwissenschaft und Wissenschaft vom Menschen gehen in diesen Lehrgebäuden ineinander über.

Der Glaube empfängt die universalen Wahrheiten, die denkende Vernunft vollzieht sie nach; aber ganz entscheidend bleibt dann doch die aus Glaube, Liebe, Hoffnung entspringende gemeinschaftsbildende Tat. Der Mensch muß sich als gnade- und liebesbedürftiges Wesen seines Glaubens in der Gemeinschaft der Gläubigen stets wieder vergewissern.

Man findet Halt in Institutionen, Ritualen, Traditionen, in denen sich eine ganze kollektive Glaubensgeschichte verfestigt hat. Es gibt noch nicht, wie später im Protestantismus, die Zumutung einer einsamen Begegnung des Menschen mit seinem Gott. Der Glaube war nicht ein Ereignis abgespaltener, alleingelassener Innerlichkeit, sondern ganz unmittelbar ein kollektiver Vollzug. Die christliche Metaphysik des Mittelalters war, trotz ihrer auch mystischen Spiritualität, eine in den äußeren gesellschaftlichen Einrichtungen und Gliederungen *verwirklichte* Metaphysik. In der philosophischen Sprache des Mittelalters heißt das: »universalia sunt realia« – die Universalien sind wirklich (d. h. der Glaube ist von der Vernunft nachvollziehbar, man kann ihn in seinen Willen aufnehmen, er ist im gesellschaftlichen Leben bereits ›wirklich‹ geworden). Der lebenserhaltende Zustrom der Gnade ist sozusagen verläßlich geregelt. Kein Bruch, kein Abgrund trennt.

Doch diese geschlossene Welt, die auch eine Welt der Geborgenheit war, ist zerbrochen. Die gesellschaftlichen und wirtschaftlichen Gründe dafür sollen hier nicht erörtert werden, wichtiger in unserem Zusammenhang ist, wie es dem Bewußtsein bei alledem erging. Wie es wieder Sicherheit zu gewinnen sucht.

Es war der im 13. Jahrhundert aufkommende sogenannte »Nominalismus«, der das geistige Mittelalter sprengte. Er richtete sich zunächst nicht gegen die Glaubensgewißheiten, sondern wollte sie, im Gegenteil, nur aus ihrer mittlerweile engen Verknüpfung mit den Begriffen der Vernunft lösen. Er zielte auf eine doppelte Emanzipation: es galt, den Glauben vom Wissen, und das Wissen vom Glauben zu befreien.

Gott, sein Schöpfertum, seine Gnade und Liebe, seine Vollkommenheit – alle Ideen, die wir uns davon bilden, alle Begriffe enthalten nie die ›Sache‹ selbst. Gott und die von ihm geschaffene Welt ist über allem Begreifen. Unsere Begriffe sind nur »Namen«. Das war die Grundposition der Nominalisten. Der »Realismus«, der sich gegen die nominalistische Kritik erhob, verfocht die ›Realität‹ unserer sich auf Gott und seine Schöpfung beziehenden Ideen. Der »Realismus« verteidigte auch die Wahrheit der ›verwirklichten‹ Metaphysik, der gesellschaftlichen und kirchlichen Ordnung. Es sollte keinen Abgrund geben zwischen Wissen und Glauben, zwischen den gesellschaftlichen Einrichtungen dieser Welt und ihrem metaphysischen Sinn.

Diesen Abgrund aber riß der Nominalismus auf, mit erheblichen und in sich widersprüchlichen Folgen für die Neuzeit. Zum einen radikalisierte er das Reinheitsgebot des Glaubens und verteidigte die mystische Erfahrung gegen die rationalistische Gottesgelehrsamkeit. Das Unsagbare sollte davor geschützt werden, zum Unsäglichen zu werden.

Zum anderen konnte die nominalistische Kritik dem Glauben nur dann zur Emanzipation von der Vernunft verhelfen, wenn und solange es diesen Glauben als lebendige Erfahrung noch gab. Als es diese Erfahrung nicht mehr gab, blieb bei der nominalistischen Entmischung von Glaube und Wissen nur noch das reine, in seinem Selbstverständnis glaubensfreie Wissen übrig. Das hatte zur Konsequenz, daß die *Entmachtung der Vernunft* in Glaubensdingen in die *Ermächtigung* der Vernunft für die Dinge und Angelegenheiten der diesseitigen Welt umschlug.

Wie später Kant bestritt der Nominalismus die metaphysische Kompetenz der Vernunft, eröffnete ihr aber gleichzeitig das Feld der empirischen Erfahrung. Er schuf die Voraussetzungen der modernen Erfahrungswissenschaften.

Der Nominalismus war zugleich der Bewußtseinsvollzug des langsamen Zusammenbruchs der alten Ordnung. Weltangst kam darin zum Ausdruck: Gott ist für unsere Vernunft nicht mehr erreichbar, und doch brauchen wir ihn. Der Nominalismus ist aber auch das Bewußtsein eines neuen Weges zum Weltvertrauen: das Tor zu empirischer Wissenschaft und technischer Naturbeherrschung wurde damals aufgestoßen.

Ein Rest Gottvertrauen (Descartes)

Die Neuzeit hat aus dem empirisch-wissenschaftlichen Bewußsein ihr Weltvertrauen gewonnen. Selbstbewußt richtet sich der Blick auf die äußere Wirklichkeit. Sie ist voller Rätsel und Unerforschlichkeiten. Man muß ihren Rätseln so entgegentreten wie Ödipus der Sphinx. Denn immerhin droht die Gefahr, vom Rätsel verschlungen, in einen Abgrund gestürzt zu werden. Das Selbstvertrauen der Vernunft ist notwendig, um dieser Angst standhalten zu können.

Wie vergewissert man sich seiner Vernunft? Gibt es für das Vertrauen in die Vernunft selbst wieder vernünftige Gründe? Ist die Vernunft ein sich selbst tragendes Sein? Man kann diese Fragen auch auf die Alternative zuspitzen: Können wir uns auf unsere Vernunft verlassen oder müssen wir auch weiterhin der Liebe Gottes vertrauen? Ist es Liebe oder ist es Vernunft, wovon unser Seinkönnen abhängt?

Die frühe Neuzeit war sich noch bewußt, daß sie ohne einen Kompromiß zwischen Liebe und Vernunft nicht auskommen kann. Der Kompromiß lautete: Gott liebt uns in unserer Vernunft, *deshalb* können wir unsere Vernunft lieben, und das bedeutet: wir können ihr vertrauen.

Am Anfang der Karriere der modernen Vernunft steht die *Liebe* zur Vernunft oder, was dasselbe ist, der Glaube an die eigene Vernunft. Der Glaube beglaubigt die Vernunft. Diese Beglaubigung kommt noch nicht aus den erst spärlichen praktischen Erfolgen der Naturerkenntnis; nicht der Beifall der Dinge, sondern die Liebe Gottes ermuntert zum Wagnis der Vernunft. Die moderne Vernunft gibt sich selten Rechenschaft über ihren geheimen, nicht mehr vernünftigen Untergrund. Am Beginn der modernen Vernunft war das anders, wie das Beispiel Descartes zeigt.

Descartes ist von Vertrauen in die wissenschaftliche Erkenntnis erfüllt. Er zeigt, wie wir zu verläßlichen Erkenntnissen über die »res extensa« – die äußere, körperliche Welt – kommen können.

Und doch führt er ein monströses Zweifelsexperiment durch, das ihn zu einer letzten, absoluten Gewißheit führen soll. In seinem Zweifelsexperiment demonstriert er, wie sich das Denken aus der Welt hinausreflektieren kann bis zu einem Punkt, wo die ganze körperlich ausgedehnte Welt, die »res extensa«, zweifelhaft wird, und nur noch die denkende Substanz, die »res cogitans«, übrigbleibt. Alle Gewißheit schwindet, übrig bleibt nur die Gewißheit des Denkaktes selbst. Das ist gemeint mit dem berühmten Satz: Cogito ergo sum.

Diese Gewißheit aber ist identisch mit größter Einsamkeit und Weltlosigkeit. In seinem Experiment hat Descartes Welt und Mensch auf eine so radikale Weise voneinander getrennt, daß das weltlos gewordene Ich von sich aus gar nicht mehr vertrauensvoll zur Welt zurückkehren kann. Descartes selbst sagt am Ende seiner »Meditationes«, daß seine Zweifel übertrieben und lächerlich seien. Er betont ihren methodischen und bestreitet ihren existentiellen Aspekt. Und doch gibt es diesen existentiellen Aspekt. Denn die methodische Absonderung des Ichs von der Welt wird durchgeführt, um deutlich zu machen, daß wir, wenn wir unserem Denken vertrauen, insgeheim auf Gott bauen. Was Descartes demonstrieren will: die denkende Vernunft braucht Gottvertrauen. Verläßt sie sich nur auf sich selbst, ist sie von allen guten Geistern verlassen.

Folgt die Vernunft *nur* ihrer eigenen Konsequenz, gerät sie in ein Delirium des Wahnsinns. Doch wo Gefahr ist, wächst auch das Rettende. Denn es ist ja die Vernunft selbst, die erkennt, daß sie Gottvertrauen braucht, um Weltvertrauen behalten zu können.

Descartes steht am Anfang der neuzeitlichen Entwicklung zum wissenschaftlich fundierten Weltvertrauen. An diesem Anfang wird sichtbar: Es ist noch viel Gottvertrauen im Spiel, wenn die Vernunft ihre selbstbewußten Einsätze tätigt.

Metaphysik »als ob« (Kant)

Bei Descartes garantiert ein Gott die Übereinstimmung zwischen der Ordnung des Denkens und des Seins. Die Vernunft kann die Existenznotwendigkeit dieses Gottes einsehen, zugleich aber braucht sie diesen Gott, um an sich selbst als welterschließende oder gar weltenbauende Vernunft glauben zu können.

Zwei Jahrhunderte später beginnt Kant die Vorrede zu seiner »Kritik der reinen Vernunft« mit dem Satz: »Die menschliche Vernunft hat das besondere Schicksal . . .: daß sie durch Fragen belästigt wird, die sie nicht abweisen kann, denn sie sind ihr durch die Natur der Vernunft selbst aufgegeben, die sie aber auch nicht beantworten kann, denn sie übersteigen alles Vermögen der menschlichen Vernunft.«

Die Fragen, welche, nach Kant, die Vernunft nicht beantworten kann, sind die metaphysischen: Die Frage nach dem Anfang der Welt, nach dem Sinn des Weltganzen, nach der Unsterblichkeit der Seele.

Zwei Jahrtausende lang hat die Metaphysik eine ›eigentliche‹ Welt ›hinter‹ der Welt der Erscheinungen entworfen. Für Kant sind alle diese Versuche Spekulationen einer Vernunft, die ihre Grenzen noch nicht kennt und deshalb das Gebiet ihrer Kompetenz überschreitet. Es kommen dabei nur leere Behauptungen heraus, die kritisiert werden müssen. Kant hat das getan, und deshalb nannten ihn seine Zeitgenossen einen »Alleszermalmer«.

Daß die Vernunft auf die metaphysischen Fragen keine Antworten geben kann, zu diesem Ergebnis gelangt Kant, als er die Reichweite und die Grenzen unserer Vernunfterkenntnisse untersucht. Er findet heraus, daß wir niemals erkennen können, wie die Wirklichkeit ›an sich‹ beschaffen sei, weil wir sie niemals ›rein‹, sondern immer gefiltert durch unsere Erkenntnisformen auffassen. Wir machen sie uns zurecht. Diese Erkenntnisformen bestehen a priori, sie sind nicht das *Ergebnis* von Erfahrung, sondern die *Voraussetzung* für Erfahrung.

Die wichtigsten Aprioritäten, die Kant herausfindet, sind die Anschauungsformen des Raumes und der Zeit und die Kategorie der Kausalität.

Das war nicht nur für die Zeitgenossen eine ungeheuerliche Entdeckung. Raum und Zeit galten ja als das schlechthin ›Objektive‹, und nun bewies Kant, daß sie lediglich zu unserem geistigen Rüstzeug gehören. Unsere subjektive Anschauungsform allein ist es, die die Dinge und Ereignisse an Raum- und Zeitpunkten lokalisiert.

Ebenso verhält es sich, nach Kant, mit der Kausalität. Sie ist kein Schema der Welt draußen, sondern ein Schema unseres Kopfes, das wir über die Welt draußen legen. Es ist nur unser Verstand, der die empfangenen Sinnesdaten nach dem Prinzip der Kausalität verknüpft.

Mit dem Kantschen Nachweis der menschlichen Subjektivität des Kausalitätsprinzips zerreißen die über Jahrhunderte hin prachtvoll geknüpften Argumentationsketten des vernünftigen Gottesbeweises, wonach es einen ersten Verursacher geben müsse, da doch alles seine Ursache habe. Kant hat mit seiner »Kritik« die traditionelle Metaphysik zerstört und die moderne Erkenntnistheorie aus der Taufe gehoben.

Für unsere Wahrnehmung und für unser Denken, so die

Schlußfolgerung Kants, gibt es nur die eine Welt, die »erscheinende« Welt. Was die Welt darüber hinaus »an sich« sei – Kant spricht vom »Ding an sich« –, darüber können wir nichts wissen, mit einer Einschränkung allerdings, von der noch die Rede sein wird.

Manche Zeitgenossen, wie beispielsweise Kleist, haben Kant mißverstanden. Man hat ihm unterstellt, er habe den Menschen wieder zu einem Traumwandler gemacht, der nur von einer eingebildeten Welt umgeben sei, hilflos, dem Irrtum preisgegeben, von einem bösen Erwachen bedroht. Das war jedoch keineswegs die Intention Kants, denn für ihn ist der Verstand ein gemeinschaftlicher Besitz der Menschen, der sie deshalb theoretisch und praktisch in eine Welt einfügt, die man miteinander teilen kann. Wir können uns über sie verständigen und verständig in ihr handeln. So gibt die Gemeinschaftlichkeit des Verstandes bereits eine gewisse Sicherheit. In einer letztlich doch unbekannten Welt – Kant nennt sie einen »stürmischen Ozean« – kommen wir mit unserem Verstand ganz gut zurecht. Wenn wir uns der Erfahrung und dem Wissen anvertrauen, so haben wir zwar keine absolute Wahrheit, wir wissen aber genug, um eine gemeinsame Menschenwelt aufbauen und uns gegenüber der Natur behaupten zu können. Heute würden wir sagen: unsere Erfahrungs- und Wissensformen sind ›wahr‹ in dem Sinne, daß sie biologisch-evolutionistisch an unsere Lebenswelt angepaßt sind. Sie sind so funktional wie etwa die greifende Hand oder der aufrechte Gang.

Die metaphysischen Fragen jedoch lassen sich so nicht beantworten, da jede Antwort uns nur die Strukturen unseres Denkens zurückspiegelt.

Aber Kant sagt auch, daß es »in der Natur der Vernunft« liege, diese Fragen nicht abweisen zu können.

Kant fordert zu einem heiklen Balanceakt auf: Wir sollen die metaphysischen Fragen nicht beantworten wollen, sollen sie aber auch nicht abweisen. Weder sollen wir uns in die Geborgenheit einer spekulativen Metaphysik noch in die antimetaphysische Geschlossenheit einer ausschließlich empirischen Welt flüchten. Gegen beide Abschließungen will Kant an beidem festhalten: an der Frage und an ihrem Offenbleiben.

Weshalb aber kann die Vernunft, nach Kant, nicht davon ablassen, die unbeantwortbaren metaphysischen Fragen zu stellen?

Kants überraschende Antwort: dasselbe Vermögen, das der Vernunft erlaubt, die Unbeantwortbarkeit der metaphysischen Fragen zu erkennen, nötigt sie zugleich, sie zu stellen. Dieses Vermögen besteht darin, daß die Vernunft *auf ihre eigene Grenze reflektieren kann.* (Vernunft ist strenggenommen nichts anderes als diese Reflexion, während das Gebiet des Verstandes die gewöhnliche raum-zeit- und kausalitätsbezogene Welterkenntnis umfaßt.) Wenn man Grenzen erkennt, ist man bereits über sie hinaus. Nicht in dem Sinne, daß man nun positives Wissen von jenseits der Grenze besitzt, aber man weiß, daß es ein Jenseits der Grenze, eine Welt »an sich« gibt. Kants leere Idee des »Ding an sich« markiert bereits diesen Grenzübertritt.

Aber weil dieser Grenzübertritt ins Leere führt, entfacht er den Spekulationseifer – aus Angst. Denn, so Kant, es graut uns vor der Leere; die Vernunft wird vom »horror vacui« gepackt, und lieber füllt sie die erschreckende Leere mit unsinnigen Spekulationen, als daß sie die Fragen, was jenseits der Grenzen des Erfahrbaren liege, unbeantwortet lassen möchte.

Da aber die Reflexionsfähigkeit der Vernunft nichts anderes ist als die Betätigung der *Freiheit* auf dem Gebiet des Denkens, so kann man sagen, daß es die *Freiheit* ist, die den Menschen metaphysische Fragen stellen läßt, und daß es die *Angst* vor der Leere ist, die dazu verführt, sie beantworten zu wollen.

Für Kant ist also das Problem der Metaphysik ein Problem der Freiheit und ein Problem der Angst vor den Folgen der Freiheit. Freiheit steht im Zentrum seines Philosophierens. Freiheit gilt ihm als ein unerhörtes Mysterium.

Im Mysterium der Freiheit liegt das geheime Gravitationszentrum der ganzen Kantschen Philosophie. Kant selbst hat es in einem Brief eingeräumt, als er bekannte, daß gerade das Problem der Freiheit – »Der Mensch ist frei und dagegen: es gibt keine Freiheit, alles ist naturgesetzliche Notwendigkeit« – ihn aus dem »dogmatischen Schlummer« geweckt habe.

Was der Mensch tut, ist wie alles andere Geschehen in der erscheinenden Welt einer strengen Kausalität unterworfen. Das gilt aber nur für den Blick ›von außen‹, wenn man also das Handeln der anderen oder das eigene Handeln hinterher betrachtet. Aber es gibt noch die andere Perspektive, die innere Erfahrung des Handelns. Der Augenblick der Entscheidung ist offen. Ich kann mich so oder anders entscheiden. Gewiß werde ich hinterher Kausalitäten für mein Handeln entdecken, aber im Augenblick des Handelns hilft mir das nicht über die Unausweichlichkeit der Entscheidung hinweg. Im Augenblick der Entscheidung, es ist der Augenblick der Freiheit, ist jeder auf eine abgründige Weise unbestimmt und muß sich selbst bestimmen. In jedem dieser Augenblicke zerreißt das Universum des notwendigen Seins und es stellt sich eine Offenheit her, die auch Angst macht. Die Angst vor der Freiheit veranlaßt die Flucht unter den Schutz der Notwendigkeit. Aber dieser Schutz ist trügerisch, denn seine Freiheit wird man nicht los, da man ja aus Freiheit versucht, seine Freiheit loszuwerden.

Die alte Metaphysik hat über die Unergründlichkeit der göttlichen Freiheit nachgedacht. Bei Kant nun geht es um die Unergründlichkeit der menschlichen Freiheit.

Wenn die erscheinende Welt von Notwendigkeit bestimmt ist, wenn aber jeder zugleich in sich selbst die Erfahrung einer unerklärlichen Freiheit macht, dann heißt das: der Mensch lebt in zwei Welten. Das eine Mal sieht er sich als ein »Phainomenon«, als ein Partikel der sinnlichen Welt, die nach deren Gesetzen existiert; das andere Mal ist er in der inneren Erfahrung ein »noumenon«, eben ein »Ding an sich« – den Gesetzen der erscheinenden Welt nicht unterworfen: ohne Notwendigkeit, ohne Kausalität, ein freies Sein und deshalb ein unerklärliches Sein (denn Erklären würde bedeuten: das Prinzip der Kausalität anwenden).

Die alte Metaphysik spekulierte über den Anfang der Welt. Sie hatte, manchmal ohne es zu bemerken, das Mysterium der menschlichen Freiheit in den ganzen Kosmos und als göttliche Freiheit an den Anfang der Welt verlegt.

Kant geht den umgekehrten Weg: auch er hatte über den Anfang der Welt nachgedacht, um sich schließlich zu vertiefen in die wunderbare Fähigkeit des Menschen, *anfangen zu können*.

Diese Kraft des Anfangenkönnens ist Autonomie, freie Selbstbestimmung. Die Selbstbestimmung aber vollzieht sich, für Kant, nicht im *Wollen*, sondern im *Sollen*. Das ist konsequent gedacht. Denn ›Wille‹ – das ist Trieb, die Natur in uns. Was die Natur in uns will, ist eben Naturnotwendigkeit und keine Freiheit. Frei sind wir erst dann, wenn wir die Kraft haben, die Ketten der Kausalität, die uns als Naturwesen binden, zu zerreißen. Freiheit ist der Triumph über unsere Triebnatur. Wir sind frei, wenn wir das bedingte Naturwesen überschreiten. Deshalb handeln wir erst ›unbedingt‹, wenn wir nicht aus einem triebhaften Wollen, sondern aus einem frei gewählten Sollen heraus handeln. Dieses frei gewählte Sollen nennt Kant »das Gewissen«.

Zwischen dem Handeln und dem Gewissen gibt es nicht das Verhältnis von Ursache und Wirkung wie sonst überall in der erscheinenden Welt.

Das Gewissen ist niemals *Ursache*, sondern stets frei gewählter *Grund* einer Handlung. Wozu aber fordert das Gewissen auf? Kant gibt darauf eine einfache Antwort: Das Gewissen fordert ein Handeln, zu dem uns der Naturtrieb niemals veranlassen könnte. Die Natur in uns will sich selbst erhalten, rücksichtslos. Alles wird für sie zum Mittel der Selbsterhaltung. Das »Gewissen« fordert demgegenüber nichts anderes als dies: der Mitmensch darf nicht zum Mittel für meine Zwecke degradiert werden. Ich muß ihn in seiner Freiheit respektieren, ich muß seine Freiheit zum Zweck meines Handelns machen, womit ich zugleich einen menschenwürdigen Gebrauch von meiner eigenen Freiheit mache.

Solches gewissenbestimmtes Handeln nennt Kant »sittlich«. Sittlichkeit und Autonomie gehören für ihn zusammen. Der alte Gott der Metaphysik aber ist aus dieser Konzeption noch nicht ganz verschwunden. Wir sollen so unbedingt auf das *Sollen* hören, sagt Kant, *als ob* es ein Gott geböte. Dieser Gott der Sittlichkeit ist ein Gott, den wir, so Kant, zur Not selbst »erfinden« müssen. Wir sind so frei – wenn es nur dem rechten Gebrauch der Freiheit dient. Kant: »Es klingt zwar bedenklich, ist aber keineswegs verwerflich zu sagen: daß jeder Mensch sich einen Gott mache . . .«

Blicken wir noch einmal zurück auf die Geschichte der Metaphysik vor Kant: Metaphysik haben die Menschen gefunden oder erfunden, wie man will, weil sie in einer ungewissen Welt mit Krieg, Krankheit, Naturkatastrophen und Tod Angst haben. Die antike Metaphysik hat die Kraft des Denkens als erlösende Macht entdeckt. Als eine Macht, die bewirkt, daß man sich doch heimisch fühlen kann in einer Welt, in der eine andere, die ›eigentliche‹ Welt durchscheint. Das Glück der antiken Metaphysik ist nicht ein einsames Glück. Die ›wahre‹ Welt der antiken Metaphysik bleibt eine gesellige Welt. Das zeigt das Beispiel des Sokrates.

Die christliche Metaphysik hat dieses Zutrauen in die erlösende Macht des Denkens nicht. Sie weiß: gegen die Weltangst hilft nur die Liebe. Auf die Liebe des Schöpfers gründet das Weltvertrauen. So wie die göttliche Liebe die Welt aus dem Nichts geschaffen hat, so bewahrt die Erfahrung, geliebt und damit bejaht zu sein, vor dem Nichts. Das Vertrauen in das Denken ist demgegenüber sekundär, abgeleitet: gestützt auf die Glaubensgewißheiten kann sich die Vernunft im Nachvollzug üben. Die Vernunft, die die Gedanken Gottes zu denken versucht, traut sich das nur zu, weil sie sich als kreatürlich erfährt, als ein Schöpfungsgeschenk Gottes.

Das Weltvertrauen der christlichen Metaphysik stützt sich auf den Glauben an die Erhaltung durch Gott. Da Gott aber die Welt aus freien Stücken erhält (und nicht weil er muß), ist die erhaltende Macht zugleich ein Abgrund – der Abgrund der göttlichen Freiheit. Kein Gesetz kosmischer und natürlicher Notwendigkeit gibt Sicherheit. Es gibt nur die Gnade, die wir annehmen oder verwerfen können. Es muß die menschliche Freiheit auf die göttliche Freiheit antworten.

Die neuzeitliche Metaphysik entdeckt in der Welt das Prinzip der Selbsterhaltung. Unser Denken kann es begreifen. Und vom Begreifen der Selbsterhaltung ist der Weg nicht mehr weit, daß das begreifende Denken schließlich sich selbst als selbsterhaltende Kraft begreift. Wenn man nicht mehr des ständigen Zustroms der Gnade bedürftig ist, kann man wieder an die antike Metaphysik anknüpfen: Es gibt eine beständige Ordnung des Seins, jenseits des unverläßlichen Gewimmels des verkörperten Lebens; diese Ordnung können wir denken, und wenn wir das tun, werden wir selbst zu einem Teil dieser Ordnung.

Die neuzeitliche Metaphysik, beispielhaft bei Descartes, kann aber auf Gott nicht ganz verzichten. Der Glaube an ihn bewahrt die Vernunft vor dem Sturz in den Abgrund des Selbstzweifels. Wenn die Vernunft nach ihren letzten Gewißheiten fahndet, reflektiert sie sich aus der Welt hinaus und kann mit eigenen Mitteln nicht mehr zu ihr zurückkehren. Sie braucht einen Vertrauenszuschuß, um sich darauf verlassen zu können, daß sie nicht im Wahn, sondern in der Wirklichkeit lebt. Diesen Vertrauenszuschuß gewährt der Glaube an einen Gott. Seine Güte garantiert, daß die Ordnung des Denkens und des Seins zusammenstimmen.

Der mit praktischen Erfolgen verbundene Siegeszug der Wissenschaften macht diese göttliche Übereinstimmungsgarantie zunehmend überflüssig. Man kann seinen Erfahrungen trauen, vorausgesetzt man reflektiert die Art, wie sie zustande kommen. Und wenn man das Denken an diese reflektierte

Erfahrung knüpft, dann kann man, was die Welterkenntnis betrifft, nicht prinzipiell in die Irre gehen. Das ist Kants Position. Was die Erkenntnis der äußeren Welt betrifft, so können wir uns auf unsere Vernunft verlassen.

In der äußeren Welt, zu der auch der Mensch gehört, wenn er sich ›von außen‹ betrachtet, herrscht das Gesetz der Notwendigkeit. Es ist gnadenlos kalt, aber verläßlich. Doch ist dies nicht die einzige Welt. Eingeschachtet in sie, ins Innere eines jeden Menschen, gibt es noch eine ›andere‹: Die innere Erfahrung der Freiheit. Diese Freiheit läßt sich nur vom *Gewissen* binden. *Und dieses Gewissen verknüpft mich mit der Freiheit des Anderen. Denn es hält mich dazu an, die Freiheit des Anderen zum Zweck meines Handelns zu machen.*

Hier beginnt ein neues Kapitel der metaphysischen Weltangstüberwindung. Es kommt für Kant darauf an, aus Freiheit die freie Menschengemeinschaft zu schaffen. Der Weg von einer Metaphysik der freien Sittlichkeit zu einer Metaphysik der Geschichte, die dann ›gesetzmäßig‹ diese freie Gesellschaft hervorbringen soll, ist dann nicht mehr weit.

Noch einmal die ganze Wahrheit
(Der Deutsche Idealismus)

Kant hatte dem 19. Jahrhundert ein dualistisches Konzept hinterlassen:

Da gibt es die empirische Welt. Wir können erkennen, wie sie – durch die Perspektive unseres Verstandes gesehen – funktioniert. Auch den Menschen selbst kann man auf diese Weise ›von außen‹ als ein restlos determiniertes Faktum der empirischen Welt analysieren, jedoch nur Gesetzes- und Funktionszusammenhänge erkennen, aber keinen *Sinn*.

Diesem ›äußeren‹ Bereich der Erkenntnis steht eine innere

Welt gegenüber: die Erfahrung der Freiheit, das Gewissen. In dieser Sphäre geht es um sittliche Selbstbestimmung, um die *Zwecke*, für die man die Erkenntnisse zu verwenden gedenkt. Schon bei Kant also zeichnen sich die Umrisse einer doppelten Vernunft ab. Man wird sie später nennen: instrumentelle und kommunikative Vernunft (Habermas).

Doch das frühe 19. Jahrhundert gibt sich mit diesem Dualismus nicht zufrieden. Der Deutsche Idealismus ist ein einziger Versuch, ihn zu überwinden.

Die Schelling, Fichte, Hegel, als Romantiker angetrieben von der metaphysischen Sehnsucht nach Heimkehr ins Vertraute, fahnden nach einer Vernunft, die alle Bereiche der menschlichen Erfahrung integrieren könnte. Die mit dem Kantschen Dualismus vollzogene Spaltung des Wahrheitsbegriffes war offenbar schwer erträglich für das Bedürfnis nach umfassendem *Sinn* und Geborgenheit. Man wollte sich nicht damit abfinden, in zwei ›Welten‹ leben zu müssen: in der Welt der wissenschaftlichen Erkenntnisse, die gegenüber ethischen Fragen gleichgültig ist, und in der Welt der Moralität, die sich wissenschaftlich nicht mehr hinreichend bestimmen läßt. Man empfand es als Verlust, daß es nicht mehr, wie in der alten Metaphysik, einen einheitlichen Wahrheitsbegriff geben sollte. Warum sollte es nicht möglich sein, wieder eine Weltordnung zu denken, die beides zu sein beansprucht: richtige Welterkenntnis und Anleitung zum richtigen Leben?

Der Deutsche Idealismus protestiert gegen diese Zerreißung in ein Innen und Außen. Er protestiert gegen einen Verstand, der, auf die empirische Erkenntnis der äußeren Welt gerichtet, schließlich auch den inneren Menschen in ein solches äußerliches, von Naturgesetzlichkeiten bestimmtes Naturding verwandeln muß. Fichte formuliert die verzweifelte Empörung des inneren, sich frei fühlenden Menschen angesichts der triumphierenden Entdeckungen von Naturgesetzlichkeiten. »Warum muß mein Herz trauern und zerrissen werden, von dem, was meinen Verstand so vollkommen beruhigt? Da nichts in der Natur sich widerspricht, ist nur der Mensch ein widersprechendes Wesen?«

Auch Schelling setzt beim Skandal der »Verdinglichung« an. Seine Schrift »Vom Ich als Prinzip der Philosophie« beginnt mit einem trotzigen Fanfarenstoß: »Unbedingt ist das, was gar nicht zum Ding gemacht ist, gar nicht zum Ding werden kann.« In diesem Sinn »unbedingt« ist für Schelling und Fichte allein: das *Ich*.

Fichte und Schelling und etwas später auch Hegel wollen diese nicht zu verdinglichende geistige Spontaneität des Ich retten. Da Angriff die beste Verteidigung ist, versuchen sie, in die Natur und die Geschichte eine geistige Ichartigkeit hineinzusehen.

Die Haupttendenz des Deutschen Idealismus läßt sich so formulieren: Die Welt darf nicht auseinanderfallen in ein äußeres Reich der Notwendigkeit und ein innerliches Reich der sittlichen Freiheit. Zwischen Außen und Innen darf es keine grundlegende Verschiedenheit geben. Natur, Geschichte, Sittlichkeit – das alles sind Manifestationen einer einzigen Kraft, die im subjektiv-innerlichen Geist als Freiheit erfahrbar wird. Die Versenkung in den subjektiven Geist eröffnet durch die Innerlichkeit hindurch den Weg zum Verständnis des Weltganzen. Wer ganz in sich hineingeht, gelangt zugleich ins Herz der Natur und erfährt die Triebkräfte der Geschichte.

Der deutsche Idealismus versucht, Natur und Geschichte noch einmal zu homogenisieren. Er ist das Projekt einer Metaphysik, die nach Kant ihre Unschuld verloren hat und deshalb nur noch als subjektive Kraftanstrengung möglich ist. Der deutsche Idealismus stützt sich auf jenen Bezirk der Freiheit, den Kant zum Reservat der sittlichen Innerlichkeit gemacht hatte. Aus dieser Freiheitserfahrung gewinnt der Idealismus seinen Begriff des *freien Geistes*. Er umfaßt mehr als den »Verstand« und die Vernunft des »Gewissens«. Der freie Geist ist ein bildender, nicht etwa nur abbildender, ein spekulierender, nicht nur Vorgegebenes analysierender Geist. Ein Geist, der nicht nur eine Wirklichkeit spiegelt, sondern neue Wirklichkeiten schafft: hier und jetzt in jedem Menschenleben und dort und damals im Weltganzen und in der Weltgeschichte. Mitte des 19. Jahrhunderts brechen diese geistvollen Konstruktionen in sich zusammen unter dem Hohnlachen der strengen Wissenschaften, die in der technisch-industriellen Revolution des Jahrhunderts ihre Triumphe feiern.

Mit dem Niedergang der Geistphilosophie und dem Triumph der strengen Wissenschaften ist jene Erfahrung der Zerrissenheit, die den idealistischen Versöhnungsversuch bestimmt hat, freilich nicht verschwunden. »Warum muß mein Herz trauern und zerrissen werden, von dem, was meinen Verstand so vollkommen beruhigt?« – die Frage Fichtes behält ihre quälende Aktualität. Vorbei ist lediglich die Epoche, in der man noch glaubte, sie geistphilosophisch beantworten zu können.

Das Fichtesche »Herz« hatte gegen das Universum der wissenschaftlich erkennbaren Notwendigkeiten die Erfahrung der Freiheit und in der Folge davon die Erfahrung des freien Geistes eingeklagt. Dieser Weg ist nun verbaut. Die Überzeugung, daß das Wesen der Welt etwas Geistartiges ist, schwindet; und so greift die metaphysische Opposition in der zweiten Hälfte des 19. Jahrhunderts, ausgehend von Schopenhauer, auf eine andere Einheitserfahrung zurück: Der Wille, die irrationale Lebenskraft, die im Menschen ebenso wie in der Natur wirkt, wird zum Bezugspunkt.

Nach dem Zusammenbruch der idealistischen Metaphysik und gleichzeitig mit den ersten großen Triumphen einer ausnüchternden Verwissenschaftlichung entsteht, nach Schopenhauer und mit Nietzsche, eine neue Metaphysik: die »Lebensphilosophie«. Deren Prinzip lautet: Der einheitsstiftenden Macht des Lebens gegenüber kommt es nicht in erster Linie auf das *Erkennen* an, sondern auf das *Erleben* und auf den mannigfaltigen *Ausdruck* des Erlebens.

Leben, nichts als Leben!

Die Lebensphilosophie der zweiten Hälfte des 19. Jahrhunderts glaubt etwas gefunden zu haben, was jahrtausendelang vergeblich gesucht wurde: das Leben.

»Leben ist die Grundtatsache, die den Ausgang der Philosophie bilden muß. Es ist das von innen Bekannte, es ist dasjenige, hinter welches nicht zurückgegangen werden kann. Leben kann nicht vor den Richterstuhl der Vernunft gebracht werden.«

Wilhelm Dilthey variiert mit diesen Sätzen die »Gesundheitslehre« Nietzsches: »Der Baum des Wissens ist kein Baum des Lebens.« Für die Lebensphilosophie ist die ganze Geschichte der Metaphysik, aber auch die der Wissenschaft, die sich teils aus der Metaphysik, teils gegen sie entwickelt hat, eine Geschichte des falschen Suchens: Die Möglichkeit zur Lebenssteigerung habe man dabei nicht gefunden. Vielmehr sei dadurch das Leben seiner Spontaneität, seiner Kraft, seines Gestaltungswillens beraubt worden – durch Unterwerfung unter eine sezierende Rationalität und die Vernunftprinzipien der Moral.

Die gesamte Geschichte des Wissenwollens, so sieht es die Lebensphilosophie, hat vom Naheliegenden – eben vom »Leben« – abgelenkt. Der Wille zur Erkenntnis läßt die Menschen zu Zaungästen des Lebens werden. Man hat die Dinge begreifen wollen, statt nach ihnen zu greifen, sie zu spüren, sie in ihrer Einmaligkeit zu sehen. Man hat den Geist in die Vergangenheit und in die Zukunft geschickt, statt ihn sich der Gegenwart hingeben zu lassen. Wir haben versäumt, behauptet die Lebensphilosophie, für das Jetzt, für den Augenblick eine genußfähige Geistesgegenwart zu entwickeln. Franziska von Reventlow, die in der Schwabinger »Szene« vor 1914 mit der Lebensphilosophie ernst gemacht hatte, schreibt in ihrem Tagebuch: »Ich bin doch durch das Leben gegangen habe alle seine

Rätsel und Schauer und Tiefen gelernt und gelebt und vielleicht gelöst und möchte nie mehr wünschen, nicht gelebt zu haben. Wir sehen uns ins Auge, das Leben und ich.«

Was das Leben ist, erfährt man nur, wenn man sich ihm vorbehaltlos hingibt, in der Liebe, im Haß, in der Trauer, der Verzweiflung, der Langeweile, dem Ekel. Es kommt allein auf Intensität an. Eine Tagebuchnotiz der Reventlow, nach dem Besuch eines der Geliebten, beginnt mit den Worten: »Gott, mein Gott, eine solche Hochflut von Leben, Freude, Seligkeit, nach dieser Nacht . . . nun braust wieder die alte frohe Lebensfreude, mir ist, als ob meine Seele sich nach allen Seiten auflösen möchte, zerschmelzen in lauter Seligkeiten. Als er um sieben fortging in den Wintermorgen, ging ich zu meinem Kleinen hinein. Ich habe lange an seinem Bettchen gelegen und ihn an mich gedrückt, und es hätte mich fast zersprengen mögen. O Leben, göttliches, göttliches.«

Die erlösende Macht des Lebens hat eine wahre Bücherflut gezeitigt. Die Titel sprechen für sich: J. Hart, »Triumph des Lebens« (1904), K. Hamsun, »Stimme des Lebens« (1901), A. Schnitzler, »Der Ruf des Lebens« (1906), S. Lagerlöf, »Das heilige Leben« (1918), H. Sudermann, »Es lebe das Leben« (1902). Zu den programmatischen Schriften zählten: »Der Untergang der Erde am Geist« von Theodor Lessing und vor allem Ludwig Klages': »Der Geist als Widersacher der Seele«. »Was wird hier Leben genannt?« fragt Klages und gibt zur Antwort: »Nicht Leben überhaupt, sondern Lebensglut, und nicht Leben des Einzelmenschen . . . sondern glühendes Leben ›symbiotischer‹ Verbände, die, indem sie das Haus, die Stadt, die Pflanze, das Tier, die Landschaft einbegreifen, unablässig sich erneuern im Rhythmus hinaus- und zurückflutender Ströme . . .«

Charakteristisch für die Lebensphilosophie ist das Schwelgen in Bildern des Lebens als einem flutenden, ozeanischen Element. Von der »Hingabe an die fluidale Dämonie«, von der »Riesenwollust der See«, in die man sich stürzen will, ist da die

Rede, von der »Vermählung mit dem Strom der Nacht«, vom »Feuerozean«, der alles überschwemmt. Es sind Bilder des lustvollen Untergangs, vor allem aber sind es *Bilder.* So ernst ist es mit ihnen nicht gemeint. Die Ekstatiker der Lebensphilosophie begnügten sich zumeist mit der unriskanten Präsenz des ›Lebens‹ in der ästhetischen Veranstaltung. Berühmt waren die Karnevalsfeste der Münchener Lebensphilosophenclique in den Jahren vor dem Ersten Weltkrieg. Da trat Stefan George als Cäsar auf, Alfred Schuler als Urmutter Gaia, Wolfskehl als indischer Dionysos. Man tanzte im Bacchusreigen, blies in die Panflöten, lagerte auf Tigerfellen und entzündete bläuliche Ampeln. Nymphen aus den Münchener Randbezirken wurden geladen, auch stämmige Bauern, die den heidnisch-germanischen Urgeist verkörpern sollten. Diese Lebensphilosophen nahmen ihren Budenzauber ernst. In den Festen sei der »Gott des Lebens« herabgestiegen, meinte Karl Wolfskehl, und Stefan George berichtete, daß in diesem »Festrausch« ein jeder sich vergaß »in einem überirdischen und rasenden Jubel«. (Mit Blick auf diese lebenspshilosophische Szene spricht Thomas Mann im »Dr. Faustus« von der »permanenten Maskenfreiheit« im Vorkriegsschwabing.)

Franziska von Reventlow hat das kulturell Zurechtgemachte, das Inszenierte, Buchgelehrsame, die Wortekstase an diesen lebensphilosophischen Lebensverherrlichungen sehr deutlich herausgespürt, und zwar deshalb, weil sie selbst die bedenkenlose und genußfähige Hingabe ans ›Leben‹ tatsächlich praktizierte. Theodor Lessing berichtet, wie die Reventlow bei Gelegenheit eines dieser Faschingsfeste gesagt habe: »Die Zoologie von Schwabing teilt die . . . Genies in Albatrosse und Strauße. Friedrich Nietzsche, Stefan George, Ludwig Klages – so heißen Deutschlands seltene Edel-Albatrosse . . . Wir beide dagegen . . . gehören wohl nur zu der gemeinen Sorte, zu den Straußen. Das sind eigentlich tragische Geschöpfe. Denn die Strauße sind auch als Vögel und auch für den Äther geboren. Aber die Erde zieht uns allzu mächtig oder vielleicht ist auch nur unser Leib zu schwer, zu gut genährt . . . Und weil wir somit nicht die kühnsten aller Flieger werden können, so werden wir wenigstens die schnellsten aller Läufer. Wir rasen und rasen. Durch Sand und Wüste über die Erde hin. Und die Albatrosse schauen aus dem Äther erhaben auf uns herab . . . Ach die armen Strauße . . . Die Kosmiker ahnen nicht, wie gut sie es haben. Zumindest sind sie lebenslang sicher vor Syphilis.« Die Reventlow und Lessing stimmen darin überein: die »stilreinen Feste« und die »kosmischen Rauschdoktrinen« dieser Lebensphilosophen sind die reine »Philisterei«. Beim Hymnus des Lebens raschelt das Papier. Das will man natürlich nicht wahrhaben. Klages: ». . . nicht Bücher sind es . . . Leben ist alles, was ich je schrieb, je schreiben werde, Blattgold des Lebens.«

Es paßt zu diesem Typus des in der Schriftkultur geborgenen Lebensfeuilletonismus, daß die dämonischen Lebenstiefen sich vor allem in der Lektüre auftun. Klages berichtet, wie er eingetaucht ist in die lebenskräftige heidnisch-germanische Frühzeit: »Nicht mehr als ein Dutzend Stabverse mögen es gewesen sein, die den Fünfzehnjährigen in einen Wirbel rissen . . ., von dem ich nicht entscheiden könnte, ob er einer Ohnmacht glich oder mehr der sprengenden Gewalt eines dämonischen Machtgefühls.«

In der Lebensphilosophie handelt es sich um ein kulturgeschütztes Spiel mit den Abgründen des Lebens. Klages' Sätze wie die folgenden haben deshalb auch kaum etwas Riskiertes: »Leben und Tod . . . sind nur ein Atmen der ozeanischen Urnacht . . . Aber wer im Horchen ertrinkt . . ., wo im ewigen Wettlauf Woge auf Woge vergeblich den Strand erklimmt, wird die Torenfrage der Verneinung nicht mehr fragen, warum ziellos die Welle rollt und alles Leben gleich den Schaumfetzen und Möwen verloren über die Brandung taumelt. Er wird verschmelzen auch mit der dunkeljauchzenden Wollust . . .«

Aus ästhetischer Distanz kann man sogar den Qualen der mittelalterlichen Folter eine ganz eigene Lebensqualität abgewinnen: »Wir vergessen ... daß das Leben damals mehr als heute ›Traum‹ war und daß selbst die Qual eines von Marterwerkzeugen zerfolterten Leibes umhüllter blieb vom Wehen des Weltstromes als das dürftige Behagen unseres Alltags.«

So nachdrücklich die Lebensphilosophie gegen die herrschende Kultur das Elementare, Chthonische, Ozeanische, Diluvianische aufbot, *sie blieb doch in der Kultur zu Hause.* Wie in den gleichzeitigen Aufbruchsbewegungen des Jugendstil, der Neuromantik, der Reformpädagogik, der biologisch-dynamischen Lebensreform, blieb auch in der Lebensphilosophie »Leben« ein *kultureller* Kampfbegriff. Die Lebensphilosophie ist Teil jener urbanen Bewegung, die »aus grauer Städte Mauern« hinauswollte, auf der Suche nach »echtem Erleben«. Aber man entfernte sich nicht allzuweit von den Städten und ihrem kulturellen Komfort. Der Lebensstrom, in den die Lebensphilosophie eintauchen möchte, fließt in einer Kulturlandschaft.

Die Lebensphilosophie hatte am traditionell-metaphysischen und modern-wissenschaftlichen Denken kritisiert, es weiche vor dem Lust/Schmerz-Abgrund des Lebens zurück oder rücke dem Leben mit seinen »Wahrheiten« so zu Leibe, daß am Ende nur ein »zersägter Leichnam des Lebens« (Klages) zurückbleibe. Es zeigte sich aber, daß die Lebensphilosophie, die gegen die »philiströsen Sekuritätsbedürfnisse« polemisiert, auch nichts anderes zustande bringen kann als eine *kulturgeschützte* Art des Erlebens, das nicht frei von bildungsbeflissenen-philiströsen und im Kern lebensängstlichen Zügen ist. Sie spricht unablässig von den Abgründen des Lebens, aber es verhält sich mit ihr wie mit dem Gesellen aus Eichendorffs Gedicht: Sie sieht »aus heimlichem Stübchen/ Behaglich ins Feld hinaus«.

Allerdings darf man nicht vergessen, daß einige dieser Lebensphilosophen, allen voran Klages, später der nationalsozialistischen Bewegung applaudieren werden, weil sie davon überzeugt sind, daß ihre schöngeistigen Träume endlich Wirklichkeit werden können.

Freuds Unbehagen in der Kultur

»So sinkt mir der Mut, vor meinen Mitmenschen als Prophet aufzustehen, und ich beuge mich ihrem Vorwurf, daß ich ihnen keinen Trost zu bringen weiß, denn das verlangen sie im Grunde alle ...« Mit diesen Worten kommentiert Sigmund Freud seine 1929 erschienene Schrift »Das Unbehagen in der Kultur«. Diese Schrift enthält eine entsetzliche Diagnose. Erstaunlich nur, daß so viele bereit waren, sie zu hören. Das Buch wurde zu Freuds Lebenszeit sein populärstes.

Die Lebensphilosophie hatte sich, trotz aller Kulturkritik, in der Kultur heimisch gefühlt. Sie hatte vom kulturellen Festland aus fasziniert auf das Elementare, Ozeanische des Lebens hinausgeblickt.

Freud untergräbt diesen Glauben an die Kultur. Auch er setzt ein mit Überlegungen zu dem von Romain Rolland so genannten »ozeanischen Gefühl«: »ein Gefühl wie von etwas Unbegrenztem, Schrankenlosem, gleichsam ›Ozeanischem‹ ... also ein Gefühl der unauflösbaren Verbundenheit, der Zusammengehörigkeit mit dem Ganzen der Außenwelt«.

Freud ist mit dem Phänomen, daß die Grenzen des Ich verfließen können, wohl vertraut. Denn seine ganze Psychologie des Unbewußten basiert ja auf der Entdeckung, daß das Ich »sich nach innen ohne scharfe Grenze in ein unbewußt seelisches Wesen fortsetzt, das wir als Es bezeichnen«.

Aber mit dem »ozeanischen Gefühl« verhält es sich anders: dort verfließt die Grenze zwischen Ich und Außenwelt.

Es muß sich dabei, so Freud, um ein rätselhaftes Fortleben der frühkindlich-narzißtischen »innigen Verbundenheit des Ichs mit der Umwelt« handeln; ein Rest also aus einer frühen Phase des Ich-Gefühls, als es strenggenommen dieses selbständige Ich noch gar nicht gegeben hat, als das seelische Leben noch symbiotisch eins war mit seiner Außenwelt. Somit stammt das »ozeanische Gefühl« aus jener individuellen Entwicklungsphase, als es noch keine Weltangst gab, weil die beängstigende Trennung zwischen Ich und Welt sich noch nicht vollzogen hatte. Das »ozeanische Gefühl« erinnert also an eine verlorene Heimat, in die wir, nach der Großen Trennung, nicht mehr hineingelangen können; was die Menschen aber nicht daran hindert, nach Wegen in diese symbiotische Geborgenheit zu suchen. Einer dieser Wege besteht Freud zufolge darin, sich in der Masse zu verlieren. Um so intensiver wird nach dieser verlorenen Symbiose gesucht, weil – und darauf zielt Freuds Analyse ab – es ein tief sitzendes Unbehagen in der Kultur gibt. (Ursprünglich hatte Freud den dramatischeren Ausdruck »Unglück« statt »Unbehagen« gewählt.)

Nicht genug, daß der Mensch unter jener dreifachen Bedrohung steht, von der man immer schon wußte: die Bedrohung »vom eigenen Körper her, der, zu Verfall und Auflösung bestimmt, sogar Schmerz und Angst als Warnsignale nicht entbehren kann«; die Bedrohung »von der Außenwelt, die mit übermächtigen, unerbittlichen, zerstörenden Kräften gegen uns wüten kann«; und die Bedrohung »aus den Beziehungen zu anderen Menschen«. Hinzu kommt, so Freud, daß die kulturelle Lebensform, die gegen diese Bedrohungen Schutz gewähren soll, selbst zur Quelle des Leidens wird.

Die Kultur verschafft einige Sicherheit, das gibt Freud durchaus zu. Er verweist auf die Erfolge von Technik und Wissenschaft auf dem Gebiet der Naturbeherrschung und der Bekämpfung von Krankheiten. Es gibt lebenserleichternde Bequemlichkeiten. Und unter den Menschen ist eine gesellschaftliche Ordnung etabliert, die den latenten Krieg aller gegen alle bändigt. Aber Glück wird dadurch nicht erreicht, denn die Quellen des Leidens liegen tiefer, als die genannten Bedrohungen vermuten lassen. Sie liegen in unserer innersten, unbewußten Natur. Dort kämpfen Eros und Todestrieb gegeneinander, und dieser zerreißende Gegensatz wird in der Kultur weniger gebändigt denn ausgetragen.

Damit eine Gemeinschaft und somit auch der einzelne überleben kann, muß jeder auf einen Teil seiner Triebbefriedigung verzichten, ein anderer Teil wird für die Zwecke der Aufrechterhaltung der Kultur umgewandelt – sublimiert –, und nur der geringste Teil kann ausgelebt werden.

Die Notwendigkeit dieser Kultur, die vom einzelnen schwere Opfer verlangt, ergibt sich aus der Tatsache, daß die Grundtriebe des Menschen – eben Eros und Thanatos – so beschaffen sind, daß sie ihn gerade nicht lebensfähig machen. Beim Todestrieb, den Freud auch Destruktionstrieb nennt, ist das unmittelbar evident, denn die Destruktion richtet sich nicht nur gegen andere Lebewesen, sondern auch gegen sich selbst. Aber auch der Eros oder die »Libido« ist im Kern kein lebenserhaltender Trieb. Er strebt nach Befriedigung der Sexuallust am Sexualobjekt, er hat es von sich aus nicht auf Fortpflanzung abgesehen, nicht auf Zärtlichkeit, dauerhafte Bindung, Freundschaft, nicht auf die Schaffung lebenserhaltender Gemeinschaft; es widerstrebt diesem Trieb, Energien abzugeben für die Erfordernisse der »Ananke«, der Notwendigkeit der Arbeit also. Zu alledem muß der Sexualtrieb erst gezwungen werden – durch Kultur. Das größte Problem für die Kultur jedoch ist naturgemäß der »Destruktionstrieb«.

Freud deutet die Kultur als ein Unternehmen, das die teils umgewandelten, teils partiell befriedigten Sexualtriebe dafür verwendet, den Destruktionstrieb in Schach zu halten. Da sich kein Trieb zum Verschwinden bringen läßt, kann auch der Destruktionstrieb nur umgewandelt, verschoben, kanalisiert, ›sublimiert‹ werden. Die Kultur verschafft ihm bestimmte Ventile: da gibt es Feindgruppen, Randgruppen, die gehaßt und bekämpft werden dürfen; da gibt es den Konkurrenten, den man aus dem Felde schlagen darf; da gibt es Wissenschaft, Technik und Arbeit, bei der man den Widerstand der Dinge brechen kann.

Das Meisterstück der Kultur aber ist für Freud die Einpflanzung des »Gewissens«. Die Aggressionsenergien werden umgewandelt in eine innere Instanz, die nun gegen die Triebregungen des einzelnen wütet. Freud: »Die Aggression wird introjiziert, verinnerlicht, eigentlich aber dorthin zurückgeschickt, woher sie gekommen ist, also gegen das eigene Ich gewendet. Dort wird sie von einem Anteil des Ichs übernommen, das sich als Über-Ich dem übrigen entgegenstellt und nun als ›Gewissen‹ gegen das Ich dieselbe strenge Aggressionsbereitschaft ausübt, die das Ich gerne an anderen, fremden Individuen befriedigt hätte . . . Die Kultur bewältigt also die gefährliche Aggressionslust des Individuums, indem sie es schwächt, entwaffnet und durch eine Instanz in seinem Inneren, wie durch eine Besatzung in der eroberten Stadt, überwachen läßt.«

Es gibt keine Kultur ohne die Kultur der raffinierten Selbstquälung. Und es ist gewiß, daß sich die vom Gewissen gequälten Triebregungen von Zeit zu Zeit auf explosive Weise Entlastung suchen. Und auch noch dieses »Naturereignis« der Triebentladung versucht die Kultur – höchst erfolgreich in den Gemetzeln der großen Kriege – zu steuern. Freud blickt auf den Ersten Weltkrieg zurück und erwartet ahnungsvoll den nächsten großen Ausbruch des Zerstörungsfurors.

Er zweifelt daran, ob die Kultur ihren Kampf gegen den Destruktionstrieb gewinnen wird, oder ob nicht gerade aus den Mitteln, mit denen die Destruktion bekämpft werden sollte, der Todestrieb am Ende siegreich hervorbricht. Freud: »Die Menschen haben es jetzt in der Beherrschung der Naturkräfte so weit gebracht, daß sie es mit deren Hilfe leicht haben, einander bis auf den letzten Mann auszurotten. Sie wissen das, daher ein gut Stück ihrer gegenwärtigen Unruhe, ihres Unglücks, ihrer Angststimmung.« Freud zeichnet ein düsteres Bild der Hoffnungslosigkeit: Der Mensch ist ausgestattet mit Trieben, die in ihrer rohen, sich selbst überlassenen Form nicht lebbar sind, weil sie ihn selbst zerstören würden.

Das Projekt der Kultur ist ein Versuch, das Leben lebbar zu machen. Das geht aber nur um den Preis des »psychischen Elends«. Auch die kulturellen Konstruktionen erweisen sich zudem als höchst fragil, Freud fürchtet, daß sie sehr bald auf entsetzliche Weise zusammenbrechen könnten.

Wenn man »Wahrheit« im emphatischen Sinne versteht, also als Möglichkeitsbedingung von gelingendem Leben, dann war auch Freud der Überzeugung, die Adorno später so formulierte: »Das Ganze ist das Unwahre.«

Für Freud ist der Mensch nirgendwo zu Hause, nicht in seiner »Natur«, nicht in der »Kultur«. Bei diesem Anti-Metaphysiker ereignet sich die Wiederkehr der alten Gnosis: Der Mensch ist in eine verfehlte Schöpfung geraten, und es fehlt ihm das Talent zum Glück. »Die Absicht«, schreibt Freud, »daß der Mensch ›glücklich‹ sei, ist im Plan der ›Schöpfung‹ nicht enthalten.«

Doch wie schon beim großen Pessimisten Schopenhauer, der auch über eine verfehlte Schöpfung nachgedacht hatte, bleibt eine Schwundstufe des Glückes übrig. *Es ist das Glück der Erkenntnis.* Der erlösende Lichtgott der Gnosis ist zum Licht der Erkenntnis säkularisiert. Diese Erkenntnis wird das Übel nicht beseitigen oder therapieren können. Aber sie kann helfen, es mit stoischem Gleichmut zu ertragen.

Das ist natürlich nicht jedermanns Sache. Die meisten wollen nach Hause, in die Geborgenheit kommen.

Zu der Zeit, als Freud seine düstere Diagnose stellt, ist eine Massenbewegung dabei, sich den Weg in ein Zuhause mit einer Gewalt und Aggressionslust zu bahnen, wie sie die Geschichte bisher noch nicht gesehen hat.

Metaphysik und Verbrechen (Hitler, Goebbels)

Ich erspare mir eine detaillierte Analyse der politischen, sozialen und psychologischen Voraussetzungen der nationalsozialistischen Machtergreifung.

Unbestritten ist: Hitler ist an die Macht gekommen und ist an der Macht geblieben bis zum Ende, weil er eine breite Zustimmung im Volk gefunden hatte; sie bezog sich auf einzelne politische Maßnahmen, sie bezog sich aber auch auf den weltanschaulichen Hintergrund des Nationalsozialismus. In »Mein Kampf« hat Hitler diese Weltanschauung in aller Deutlichkeit dargelegt und daraus eine politische Handlungsstrategie entwickelt. Es ist schon häufig bemerkt worden, daß Hitlers Politik sehr genau dieser Handlungsstrategie gefolgt ist. Er hat also sein weltanschaulich fundiertes »Programm« von 1925 *verwirklicht*.

Die in »Mein Kampf« entwickelte Weltanschauung ist nichts anderes als eine, wenn auch barbarische, Metaphysik. In metaphysischer Manier hat Hitler die Wirklichkeit auf ihren ›tiefer‹ liegenden Sinn hin gedeutet; er hat sich Bilder gemacht vom falschen und vom ›wahren‹ Leben, und er hat dann die Wirklichkeit nach diesen Bildern umzuwandeln versucht. Das ist ihm auf grauenhafte Weise gelungen. Und es konnte ihm nur gelingen, weil die Menschen, über die er Macht gewann, bereit waren, an dieser blutigen metaphysischen Inszenierung teilzunehmen.

Es hat die verschiedensten Motive gegeben, Hitler zu folgen, aber das ändert nichts an dem beispiellosen und beklemmenden Ergebnis: daß hier eine ganze Gesellschaft daran beteiligt war, ein metaphysisches Wahnsystem in die Wirklichkeit umzusetzen.

Nietzsche, am Ende in der Höhle seiner Innerlichkeit von Gewaltphantasien überschwemmt, betrieb die *imaginäre* Vernichtung einer Welt, die nicht zu der seinen paßte. Auch Hitler endet im Bunker unter der Reichskanzlei in einer Art Höhle. Aber seine Gewaltphantasien sind nach außen explodiert; er hat *tatsächlich* eine ganze Welt vernichtet, die nicht zu der seinen paßte. Ein zerstörtes Europa, Millionen Kriegstote, Millionen Ermordete. Metaphysik, die sich im monströsen Verbrechen verwirklicht hat. Hitlers ›Erfolg‹ ist ein extremes Beispiel dafür, daß die Geschichte auch vom Fiktiven, vom Wahn, vom Imaginären gesteuert werden kann.

Ich resümiere einige biographische Voraussetzungen: Hitler scheitert an der weiterführenden Schule. Ein bürgerliches Leben mit Arbeit, Zielstrebigkeit und Familiensinn lehnt er ab. Er fühlt sich als »Künstler«. Die Wiener Kunstakademie lehnt ihn ab. Einige Jahre vegetiert er in »sozialer und seelischer Bohème« (Thomas Mann): Obdachlosenheim, Männerasyl. Er lebt auf Pump. Ist Postkartenzeichner, Gelegenheitsarbeiter, Tagträumer, Projektemacher, will ein Theaterstück schreiben, ein alkoholfreies Getränk erfinden, entwirft Pläne für eine Stadterneuerung, für einen deutschen Idealstaat. Identifiziert sich mit Richard Wagner: der entführende Rausch der Musik, die große Gebärde, die überwältigende Wirkung auf Massen, die Selbststilisierung zum Mythos, der verzaubernde Theatereffekt – das ist nach seinem Geschmack. Die Wagnerschen Schriften, zeitgenössische Pamphlete und eine dumpfe Massenstimmung im Vorkriegs-Wien ›zeigen‹ ihm, wer schuld daran hat, daß ihm das eigene Leben nicht gelingt: die Juden.

Das Ressentiment des bürgerlich Gescheiterten sucht nach einer Entlastung: Er fühlt sich als verkannter Herrenmensch, von einer vergifteten Umwelt an der eigenen Berufung gehindert. Der im bürgerlichen Leben Entwurzelte findet bei Ausbruch des Ersten Weltkrieges ein Zuhause in der deutschen Armee. Durch die Niederlage und die Revolution verliert er seinen geistigen und gesellschaftlichen Halt. Die Auflösung der traditionellen gesellschaftlichen Ordnung, die zeitweilige politische Anarchie, die nationale Demütigung, das materielle Elend, die Orientierungslosigkeit nach dem Zusammenbruch der alten Werte Vaterland, Befehl und Gehorsam, Treue, Volk erfüllen ihn mit panischer Angst. Überall sieht er »Zersetzung« am Werk. In dieser Situation greift er auf jene Mittel der Selbstbehauptung zurück, die ihm schon immer zu Gebote standen: er erklärt sich die beängstigende und erniedrigende Situation mit Hilfe von Wahnsystemen, in die er sich einspinnt. Doch jetzt bleibt er nicht alleine. Seine rednerische Begabung und die allgemeine Zeitstimmung bringen ihn dahin, daß er mit seinem privaten Wahn zu einem Exponenten eines kollektiven Wahns wird. Er baut die NSDAP auf. Nach dem gescheiterten Putsch vom 9. November 1923 in München schreibt er, während der Haft in Landsberg, »Mein Kampf«.

Metaphysik ist bekanntlich bestrebt, die vordergründige, meist quälende und ängstigende Wirklichkeit zu durchdringen, um ihr haltgebendes ›Wesen‹, ihren orientierenden ›Sinn‹ aufzudecken. Ebenso verfährt auch Hitler. Er will das Geschehen im Vordergrund – Bürgerkriegswirren, Inflation, Veränderung der Moral, Verstädterung, Massenzivilisation, Naturzerstörung, Vereinzelung, Technisierung usw. – durchdringen und das ›eigentliche‹ Geschehen, das sich dahinter verbirgt, aufdecken. Und er gerät dabei in eine kosmische Dimension – auch das eine Spezialität der Metaphysik.

Aus Nietzsches »Wille zur Macht«, aus Schopenhauers »Wille zum Leben« und aus den zum Sozialdarwinismus trivialisierten Darwinschen Lehren von der »Selektion« des Überlebensfähigen kompiliert Hitler sein metaphysisches Lebensgesetz: »Die Natur . . . setzt die Lebewesen zunächst auf diesen Erdball und sieht dem freien Spiel der Kräfte zu. Der Stärkste an Mut und Fleiß erhält dann als ihr liebstes Kind das Herrenrecht des Daseins zugesprochen . . . Nur der geborene Schwächling kann dies als grausam empfinden, dafür aber ist er auch nur ein schwacher und beschränkter Mensch; denn würde dieses Gesetz nicht herrschen, wäre ja jede vorstellbare Höherentwicklung aller organischen Lebewesen undenkbar . . . Am Ende siegt ewig nur die Sucht der Selbsterhaltung. Unter ihr schmilzt die sogenannte Humanität als Ausdruck einer Mischung von Dummheit, Feigheit und eingebildetem Besserwissen wie Schnee in der Märzsonne. Im ewigen Kampf ist die Menschheit groß geworden – im ewigen Frieden geht sie zugrunde.«

Doch Hitler beläßt es nicht bei diesem Bilde des sinnentleerten Daseinskampfes. Die durch den Lebenskampf vorangetriebene Evolution hat ein auserwähltes Exemplar hervorgebracht: den Arier. Hitler: »Was wir heute an menschlicher Kultur, an Ergebnissen von Kunst, Wissenschaft und Technik vor uns sehen, ist nahezu ausschließlich schöpferisches Produkt des Ariers. Gerade diese Tatsache aber läßt den nicht unbegründeten Rückschluß zu, daß er allein der Begründer höheren Menschentums überhaupt war, mithin den Urtyp darstellt, was wir unter dem Wort ›Mensch‹ verstehen. Er ist der Prometheus der Menschheit, aus dessen lichter Stirn der göttliche Funke des Genies zu allen Zeiten hervorsprang, immer von neuem jenes Feuer entzündend, das als Erkenntnis die Nacht der schweigenden Geheimnisse aufhellte und den Menschen so den Weg zum Beherrscher der anderen Wesen dieser Erde emporsteigen ließ. Man schalte ihn aus, und tiefe Dunkelheit wird vielleicht schon nach wenigen Jahrhunderten sich abermals auf die Erde senken, die menschliche Kultur würde vergehen und die Welt veröden.« Der »Arier« ist ein »Lichtbringer«, ein Sinngeber des ansonsten Sinnlosen. Hitler bemüht das kosmische Pathos: der Planet würde wieder verloren und sinnlos in der »Weltraumnacht« kreisen, gäbe es nicht die Veredelung des Lebendigen durch die kulturschaffende Tat des Ariers. Hitler beschwört das manichäische, trivialgnostische Hell-Dunkel eines kosmischen Titanenkampfes: die arische Lichtgestalt hat einen luziferischen Widersacher. Die Verkörperung dieses bösen Demiurgen ist: der Jude. Er ist das lebenszersetzende und in der Konsequenz lebensverneinende Prinzip schlechthin. Über »die Juden« spricht Hitler häufig metaphorisch, für ihn sind sie Bazillen, schädliche Mikroben, eine krankheitserregende Aussaat des Weltraums. Wenn es dem Arier nicht gelingt, so Hitler, sich gegen diesen »Krankheitskeim« zu schützen, so wird über kurz oder lang das »höhere Leben« selbst zugrunde gehen. Wer das zuläßt, frevelt am »göttlichen Gesetz des Daseins« und »hilft mit an der Vertreibung aus dem Paradies«.

Dieses Geschehen in der kosmisch-metaphysischen Hinterwelt hat, nach Hitler, einen höchst aktuellen Aspekt. Denn der »titanische« Kampf zwischen den Mächten des Lichtes und der Finsternis ist in diesem geschichtlichen Augenblick in seine entscheidende Phase getreten. Es droht der Untergang des Abendlandes. Hitler beschwört angesichts des neuerlichen Modernisierungsschubs, der mit der Weimarer Zeit einsetzt, seine privaten Deklassierungsängste und die in der konservativen Kulturkritik geläufigen Phobien: es zählt nicht mehr der Geist, sondern das Geld; Liebe und Treue sind der bloß mechanischen Sexualität gewichen; der Moloch der Städte und der Industrie entwurzelt den einzelnen, beraubt ihn seiner Bindungen und Orientierungen; der Glaube ist vom sachlichen Interesse verdrängt. Die riesige Landmasse Rußland ist unter bolschewistischen, Nordamerika unter kapitalistischen Vorzeichen unter die Gewalt des mechanistischen und materialistischen Denkens geraten. Dahinter aber steht für Hitler: die jüdische Weltverschwörung.

Die weltgeschichtliche Entscheidung wird im Zentrum Europas fallen, in Deutschland. Hier ist die »völkische Substanz des Ariertums« konzentriert. Die »bedingungslose Verbeugung vor den . . . göttlichen Gesetzen des Daseins« gebietet, Deutschland wieder stark zu machen, seine Kräfte zu sammeln für die Aufgabe der Weltherrschaft. Nichts weniger als eine neue »prometheische Tat« der Kulturrettung sei notwendig, sagt Hitler. Daraus ergeben sich für Hitler sehr konkrete geopolitische und innenpolitische Zielsetzungen:

Geopolitisch: Raumgewinn in Osteuropa und Rußland. Die »russische Erde« muß vom Bolschewismus und dem Judentum »gereinigt« werden. Die Außenpolitik gegenüber den anderen Mächten (Frankreich, England, USA) dient lediglich der Flankierung dieser Eroberungspolitik. Innenpolitisch: Die »jüdischen« Ideen von Toleranz, Pazifismus, Humanität, Internationalismus untergraben den Willen zur völkischen Selbstbehauptung. Deshalb müssen sie bekämpft und ausgemerzt werden, ebenso wie die ihnen entsprechenden politischen Organisationsformen: Demokratie, Rechtsstaatlichkeit, Völkerbund.

Daß diese ganze Strategie auf die Ermordung der Juden zielt, wird in Hitlers »Mein Kampf« mit aller Deutlichkeit ausgesprochen. »Die Gewinnung der Seele des Volkes kann nur gelingen, wenn man neben der Führung des positiven Kampfes für die eigenen Ziele *den Gegner dieser Ziele vernichtet.*«

Für die Vernichtung der Juden gibt es einen metaphysischen Auftrag. So läßt sich der millionenfache Mord als »prometheische« Tat im Dienste der Höherentwicklung des Lebens und damit zugleich als Akt der demütigen Erfüllung eines göttlichen Gebotes rechtfertigen. »Indem ich mich des Juden erwehre, kämpfe ich für das Werk des Herrn«, schreibt Hitler und kann fast zwanzig Jahre später, als die Mordmaschine der »Endlösung« auf Hochtouren läuft, versichern: »Ich habe das reine Gewissen gehabt.«

Hitler hat seine metaphysisch begründete Politik ins Werk gesetzt. Für ihn ging es darum, einen Vernichtungskampf zu führen gegen das, was er als das schlechthin »Böse« ansah. Er hat eine perfekt funktionierende Mordmaschine aufgebaut, die diesen Vernichtungskampf führte.

Hannah Arendt hat im Falle Eichmanns, des Administrators der »Endlösung«, von der »Banalität des Bösen« gesprochen. Sie hat damit ihr Entsetzen zum Ausdruck gebracht über die geschäftsmäßige, sachliche, bürokratische, dienstbeflissene Manier, mit der Menschen von bestürzender »Normalität« die Mordmaschine in Gang gehalten haben. Die industrielle und administrative Betriebsförmigkeit des Mordens und der »höhere Befehl« habe es diesen Normalbürgern erlaubt, ein »reines Gewissen« zu behalten. Dieser »höhere Befehl« aber wurde gegeben aus Gründen einer Metaphysik des Bösen. Das Morden wurde angetrieben von einer abgrundtief bösen metaphysischen Obsession. Dafür ist die Bezeichnung »banal« wohl doch das falsche Wort.

Hitler schreibt: »Wer den Nationalsozialismus nur als politische Bewegung versteht, weiß fast nichts von ihm. Er ist mehr noch als Religion: er ist der Wille zur neuen Menschenschöpfung.« Eine Menschenschöpfung, die die Menschenvernichtung voraussetzt.

Die suggestive Wirkung, die von Hitler insbesondere nach seiner Landsberger Festungshaftzeit ausging, hängt auch damit zusammen, daß er die neue »Menschenschöpfung« bei sich selbst vorgenommen hat. Seine gesamte Persönlichkeit wird von dem aufgezehrt, was er seine »Mission« nennt. Er hat eine Weltdeutung vorgenommen, dann hat er die kosmische Kulisse verengt auf den aktuellen historischen Augenblick, die Stunde der Entscheidung, und in diesen grellen Augenblick hinein inszeniert er den eigenen Auftritt. Er stilisiert sich als der zunächst verkannte Märtyrer der Wahrheit, er bringt die »erlösende Formel«, noch hören nur wenige auf ihn, noch ist er ein Prediger in der Wüste, aber – und diese Gewißheit verbreitet er um sich – seine Zeit wird kommen.

Am 4. Juli 1924 schreibt Joseph Goebbels in sein Tagebuch: »Deutschland sehnt sich nach dem Einen, dem Mann, wie die Erde im Sommer nach Regen. Uns rettet nur noch letzte Sammlung der Kraft, Begeisterung und restlose Hingabe. Das sind ja alles Wunderdinge. Aber kann uns nicht nur ein Wunder retten? Herr, zeige dem deutschen Volk ein Wunder! ein Wunder!! Einen Mann!!! Bismarck, sta up! Hirn und Herz sind mir wie ausgetrocknet vor Verzweiflung um mich und mein Vaterland ... Verzweiflung! Hilf mir, großer Gott! Ich bin am Ende meiner Kraft!!!«

Ein Jahr nach diesem Verzweiflungsausbruch liest Goebbels in Hitlers »Mein Kampf«. Im Tagebuch schreibt er: »Ich lese Hitlers Buch zu Ende. Mit reißender Spannung! Wer ist dieser Mann? Halb Plebejer, halb Gott! Tatsächlich der Christus oder nur der Johannes? Sehnsucht nach Ruhe und Frieden. Nach zu Hause.«

Goebbels wird Anfang 1925, kurz nach der Neuformierung der NSDAP im Rheinland, Nationalsozialist – aus Verzweiflung. Er steckt in unglücklichen Liebesaffären. Er sucht nach der »großen Liebe«, die ihn umfängt und seine ganze Hingabe herausfordern könnte. Aber er findet nur Lauheit und Berechnung. »Trostlos arme und erbärmliche Welt«, notiert er im Tagebuch. Mit seinen Berufswünschen ist er gescheitert. Der studierte Germanist wollte Dichter werden. Er hat einen Roman und mehrere Theaterstücke verfaßt, aber keinen Verleger und keine Bühne gefunden. Noch liegt der Achtundzwanzigjährige seinen Eltern auf der Tasche. Für kurze Zeit, 1923, hat er einen kleinen Posten bei der Dresdner Bank. Er empfindet diese Arbeit als demütigend. Sein Leben erscheint ihm sinnlos. Auch die gesellschaftlich-politische Situation deprimiert ihn. »Vaterland« und »Volk« sind für ihn religiöse Werte. Sie könnten dem Leben Sinn geben. Aber um sich herum sieht er nur »Zersetzung«, »Zerrissenheit«. Er findet eine Übereinstimmung zwischen seiner demütigenden persönlichen Situation und den demütigenden Verhältnissen, in denen das »Volk« lebt: es ist von den alliierten Siegermächten und vom Kapital unterworfen, so meint er. Nach dem Abschluß des Locarnovertrages von 1925 schreibt er im Tagebuch:

»Der alte Schwindel. Deutschland gibt nach und verkauft sich an den Kapitalismus des Westens. Eine grauenhafte Aussicht: Deutschlands Söhne werden sich auf den Schlachtfeldern Europas im Dienste dieses Kapitalismus als Landsknechte verbluten . . . Werden wir von Dummköpfen oder von Schuften regiert? Ich verliere bald den Glauben an die Menschheit! Warum gab man diesen Völkern das Christentum. Nur, damit sie Schindluder treiben könnten! Wo bleibt der Mensch, der diese Krämerseelen mit der Peitsche aus dem Tempel der Nation herausjagt! Ist denn die ganze Welt zum Untergang bestimmt! Wenn wir nicht wären, Verzweiflung . . .!«

In Hitler glaubt er jenen »Menschen« gefunden zu haben, der die »Krämerseelen« mit der Peitsche »aus dem Tempel der

Nation herausjagt«. Es handelt sich wirklich um einen »Glauben«. Der Nationalsozialismus ist für ihn der »Katechismus neuen politischen Glaubens in der Verzweiflung einer zusammenbrechenden, entgötterten Welt«.

Nicht »Realpolitik«, nicht die Kunst der »gegebenen Möglichkeiten« soll die Partei bestimmen, das alles sei, so Goebbels, ein »Dreck«. »Die völkische Frage verknüpft sich mir mit allen Fragen des Geistes und der Religion ... Das hat nichts mehr mit Politik zu tun. Das ist Weltanschauung.«

Es geht um »Erlösung«. Goebbels will erlöst werden von seiner Verzweiflung, seinen trüben Sinnlosigkeitsgefühlen, seiner sozialen Misere, seinen Verlassenheitsängsten. Er möchte wieder lieben können und geliebt sein. Die »Hoffnung auf Zuhause« soll sich endlich erfüllen. Aus der zerrissenen, von keiner gemeinsamen Idee zusammengehaltenen Gesellschaft soll eine Gemeinschaft werden, in der man sich geborgen fühlen kann. Doch wird es keine »Erlösung« geben, wenn man nicht jetzt schon bereit ist, zum »neuen Menschen« zu werden. Man muß ein Bekehrungserlebnis gehabt haben. Goebbels ist es bei der Begegnung mit Hitler zuteil geworden. »Sie«, schreibt er in einer öffentlichen Adresse an Hitler, »wiesen uns wieder in tiefster Verzweiflung den Weg zum Glauben ... Sie wurden uns die Erfüllung einer geheimnisvollen Sehnsucht ... (Sie) vollbringen das Wunder der erlösenden Freiheit.«

Mit diesem »Glauben« kämpft Goebbels an gegen die Stimmung des Pessimismus, der Sinnlosigkeit, der Einsamkeit. Er nennt sie, ganz im religiösen Stil, »Anfechtungen«. In einem solchen Augenblick der Anfechtung schreibt er: »Könnte man einmal auf zwei Stunden mit Hitler allein sein. Dann müßte sich alles klären ... Ich will wissen, wofür ich mich zugrunde richte.«

Wohin soll die »Erlösung« führen, welchen »neuen Menschen«, welche »Neue Zeit« und welche »neue Gesellschaft« soll sie bringen? Das »Neue« besteht in den Werten, die von symbiotischen Bedürfnissen geprägt sind. Die innere »Zerrissenheit« und Widersprüchlichkeit soll einer »inneren Geschlossenheit« weichen. Und außen soll so werden wie innen: der Volkskörper soll zu einer Einheit werden, von einem Willen, einem Geist, einem Gefühl beseelt, von einem Gedanken beherrscht. Solche Einheit aber läßt sich nur verwirklichen, wenn das Prinzip der Einheit nicht nur als abstraktes Gesetz herrscht, sondern wenn sich diese Einheit verkörpert in einer lebendigen Gestalt: im »Führer«.

»Geschlossen steht der Ring um Ihre Person, sieht in Ihnen den Träger der Idee, der uns durch Gedanken und Gestalt bindet an das unaussprechlich Letzte. Die Legion der Zukunft, die gewillt ist, durch Verzweiflung und Qual den furchtbaren Weg zu Ende zu gehen. Dann mag ein Tag kommen, wo alles zerbricht . . . Dann wird aus der Starrheit der Masse Bewegung. Und diese Bewegung wird uns dem Ziel entgegentragen! Dem Reich, das kommt!«

Diese Politik der »Erlösung« erfordert die Bereitschaft zum Selbstopfer. Es kann sein, daß man selbst diese Erlösung des Ganzen nicht mehr erlebt, daß die Politik einstweilen scheitert, weil sie vielleicht zu früh kommt, weil die »Trägheit« und Bequemlichkeit des Volkes hemmen oder die Feinde, die inneren und die äußeren, die Übermacht behalten. Mit solchen Widerständen habe bisher jede religiöse Bewegung rechnen müssen. Schließlich sei ja sogar Christus selbst gekreuzigt worden. »Wer sein Leben verliert, der wird es gewinnen« – dieser Satz aus dem Neuen Testament soll, so Goebbels, auch für die Mitglieder der »Bewegung« gelten. Keine Bekehrung ohne Überwindung des egoistischen, kleinlichen Ichs. Man muß auf die »Spießer«-Ideale vom bloß privaten Glück im stillen Winkel verzichten. Gerade aus dieser Vereinzelung sieht Goebbels die Kräfte des Nihilismus hervorbrechen, vor denen es ihm graut. Die nationalsozialistische Politik, die eben mehr sein soll als Politik, ist für Goebbels getragen von »Glaube, Liebe, Hoffnung«.

Am 9. Juni 1925 schreibt Goebbels im Tagebuch: »Herrgott, gib mir Kraft, daß ich bestehe. Ich will, daß das Recht komme. Mit Liebe an den neuen Tag. ›Nun bleibet uns: Glaube, Hoffnung, Liebe, diese drei! Aber die Liebe ist die Größte unter ihnen!‹ So schließe ich dieses Buch im Zeichen des Glaubens und der Liebe! Ich glaube an die Zukunft! Ich liebe mein Volk und mein Vaterland! Arbeiten! Opfern! Nicht verzweifeln!!!«

Auch in Goebbels' intimen Selbstgesprächen im Tagebuch ist Überredung und Suggestion im Spiel. Wir können ihn dabei beobachten, wie er sich selbst zu jenem »neuen Menschen« umschaffen will, dem dann auch die öffentliche Zukunft gehören soll. Genau registriert er die »Erfolge« dieser Wandlung. Es gibt Augenblicke, da wird er von Omnipotenzphantasien überschwemmt. Unter dem Schutz der Fiktion hat er sie in seinem unveröffentlichten Roman »Michael« beschrieben: »Je größer und ragender ich Gott mache, desto größer und ragender bin ich selbst«, und: »Ich schlage Flammen! Ich schlage Licht! Ich bin kein Mensch mehr. Ich bin ein Titan. Ich bin Gott.«

Es gibt ekstatische Augenblicke, wo dieser prometheische Traum der Gottwerdung annähernd wirklich wird: wenn er als Redner vor die Massen tritt. »Wenn ich in Essen oder in Düsseldorf oder Elberfeld spreche, dann ist das für mich ein Feiertag. Das ist Leben, da ist Rhythmus, da pulst Leidenschaft in Freund und Feind ... da wächst man über die engen Maße menschlichen Könnens hinaus und wird Prediger, Apostel, Rufer im Streit. Und dann vollzieht sich das Wunder: aus dem wilden, johlenden, schreienden Haufen werden Menschen, Menschen von Fleisch und Blut, Menschen, die innerlich so denken und fühlen wie wir, nur gequälter, zerfurchter, mit einem bis ins Gigantische gestiegenen Hunger nach Licht und Erlösung. Da liegt in meinen Händen die Seele des deutschen Arbeitsmannes, und ich fühle, daß sie weich ist wie Wachs. Und dann knete und forme ich, bilde hier und bilde da ...

Dann wachsen die Menschen vor mir. Ich sehe nur noch Fäuste und Augen; Blitz schlägt aus diesen Augen.«

Wenn auch das Ziel des Kampfes noch nicht erreicht ist, so sind diese Augenblicke der rednerischen Berauschung doch schon vorgezogene Erlösungserlebnisse. Die Differenz zwischen Innen und Außen ist verschwunden. Es gibt nur noch ein einziges gemeinsames Empfinden, die Große Kommunion. Goebbels, der in seinem Tagebuch immer wieder über seine Sehnsucht schreibt, endlich in ein »Zuhause« zu kommen – in diesen Augenblicken fühlt er sich ganz zu Hause. Es gibt keine Entfremdung mehr, weder von sich selbst noch von den anderen – das »wahre Sein« hat ihn aufgenommen.

Aber ins »wahre Sein« gelangt man nur, wenn man die Mächte der Verneinung, der Zersetzung, der Entfremdung vernichtet. So wie das »wahre Sein« sich im »Führer« verkörpert, so verkörpern sich die Mächte der Entfremdung auch für Goebbels in »den Juden«. So wie Hitler verfolgt er sie mit fanatischem Haß: »Was ist dieser verdammte Jude für ein heuchlerischer Schweinehund. Lumpen, Schufte, Verräter. Die saugen uns das Blut aus den Adern. Vampire!«

Im Denken des Joseph Goebbels gibt es nur die Welt der großen, symbiotischen Einheit auf der einen Seite und auf der anderen die Welt der Feinde. Pluralität, Differenz, der Andere in seiner Andersheit sind für ihn unerträgliche Bedrohungen. Was sich der symbiotischen Einheit entzieht, *weil es sich unterscheidet*, muß negiert werden. Zunächst im Denken und Fühlen, und dann auch in der Tat.

Goebbels sucht sein Zuhause in einer symbiotischen Gemeinschaft. Er wird bereit sein, alles zu vernichten, was ihm eine solche Geborgenheit verwehren könnte.

Hitler und Goebbels entwarfen metaphysische Weltbilder, an die sie geglaubt haben.

Angesichts der maßlosen Verbrechen des Nationalsozialismus und der geschichtlichen Katastrophen, die er verursacht hat, könnte man die Tatsache, daß die Täter an jene Weltbilder *glaubten*, in deren Namen sie diese Verbrechen begingen, als gänzlich unerheblich abtun. Das Faktum ist jedoch bedeutsam aus dem einfachen Grunde, weil nur aus dem *Glauben* an das Weltbild die Energie seiner grausamen Verwirklichung kommt. Der Nationalsozialismus wurde geschichtsmächtig, weil es ihm gelang, den Glauben, der ihm zugrunde lag, zu *vergesellschaften*. Die geistige, gesellschaftliche und wirtschaftliche Krisensituation begünstigte diese Glaubensbereitschaft bei den Massen. So konnte es dahin kommen, daß ein ganzes Volk mitagierte bei der Inszenierung einer blutigen, grausamen Metaphysik.

Hitler, Goebbels und mit ihnen die Mehrzahl der nationalsozialistischen Aktivisten waren nicht nur Machtzyniker – das waren sie auch –, sondern vor allem Gesinnungstäter. Um das tun zu können, was sie schließlich taten, bedurften sie der Anleitung und Rechtfertigung durch ein Weltbild, das ihr Tun als notwendig und – wie skandalös es auch klingen mag – als ›moralisch‹ geboten erscheinen ließ. Sie setzten sich nicht einfach über eine verpflichtende Moral hinweg, sondern erfanden sie im Zusammenhang ihres Weltbildes neu, eine »Hypermoral« (Gehlen), die ihnen erlaubte, nicht nur nach außen, sondern auch vor sich selbst widerspruchsfrei zu handeln. Diese neue Moral war in ausdrücklichem Gegensatz zur ›konventionellen‹ und tradierten – etwa der der Menschenrechte – entworfen. Für die nationalsozialistischen Täter war die Bindung an diese für die jüngere europäische Geschichte elementare Moral immerhin so stark, daß sie nur überwunden werden konnte mit

Hilfe dieser ›neuen‹ Moral. Der Nationalsozialismus hatte weder ein heuchlerisches noch ein zynisches Verhältnis zur traditionellen Moral.

Der Heuchler gibt vor, an der Moral festzuhalten, und verstößt heimlich gegen sie, wenn es sein Interesse verlangt. Der Zyniker ist die Komplementärfigur des Heuchlers. Er löst den heuchlerischen Widerspruch zwischen dem öffentlichen Festhalten an der Moral und ihrer heimlichen Übertretung auf, indem er auch öffentlich eine Position jenseits aller Moral einnimmt. Anders die Nationalsozialisten. Als Himmler am 3. Oktober 1943 zu dem innersten Kreis jener SS-Kader sprach, die an der Ermordung der Juden mitwirkten, war es nicht nötig, ›propagandistisch‹ zu reden. Die ›höhere‹ Moral, auf die Himmler sich in dieser Rede berief, wurde nicht als Fassade für die Öffentlichkeit aufgebaut, sondern Himmler bezog sich auf sie als auf eine für die Täter unabdingbar notwendige ›Instanz‹ der moralischen Selbstbehauptung. »Von Euch«, so Himmler, »werden die meisten wissen, was es heißt, wenn 100 Leichen zusammenliegen, wenn 500 daliegen oder wenn 1000 daliegen . . . Dies durchgehalten zu haben und dabei . . . anständig geblieben zu sein, . . . (das ist) ein niemals geschriebenes und niemals zu schreibendes Ruhmesblatt unserer Geschichte.«

»Anständig bleiben« – das ist die Formel für ein Verhalten, das zwar grausam gegen die elementarsten Menschenrechte verstößt, sich aber deshalb kein schlechtes Gewissen zu machen braucht, weil es sich im Einklang weiß mit einer ›höheren‹, aus einem bestimmten Weltbild entwickelten Moral, der ›Moral‹ der ›Rassenhygiene‹, des ›Rassenkampfes‹, des ›Volkswohls‹, etcetera.

Es liegt auf der Hand, daß die andere große totalitäre Versuchung unseres Jahrhunderts, der Stalinismus, auf ähnliche Weise die Verbrechen am Menschen ›moralisch‹ zu rechtfertigen wußte. Auch im Stalinismus wird aus einem letzlich metaphysischen Weltbild eine »Hypermoral« herausgezogen, die es erlaubt, gegen elementare Moralgrundsätze des menschlichen Gemeinschaftslebens zu verstoßen – mit gutem Gewissen.

Die Gefährlichkeit dieser Totalitarismen wird unterschätzt, wenn man in ihnen nur eine Verwahrlosung des sittlich-moralischen Empfindens und einen paranoischen Ausbruch kollektiver krimineller Energien erblickt. In den totalitären Verbrechen – von Auschwitz bis zum Archipel Gulag und dem Genozid der Roten Khmer – herrscht vielmehr eine Logik der moralischen Selbstbehauptung, die gesteuert wird vom absoluten Wahrheitsanspruch eines Weltbildes, mit dem der Täter eins geworden ist. Die ›Weltbilder‹ der beiden großen Totalitarismen unseres Jahrhunderts stehen in einer metaphysischen Tradition, die sie auf entsetzliche Weise pervertieren. Es sind metaphysische Weltbilder, weil sie beanspruchen, das ›wahre‹ Wesen von Geschichte und Natur absolut erfassen zu können. Sie sind Metaphysik, weil sie auf nichts Geringeres zielen als auf ein Verständnis dessen, was die Welt zuinnerst zusammenhält. Sie formulieren ›Gesetze‹ der Geschichte – Rassenkampf oder Klassenkampf –, doch diese ›Gesetze‹ nehmen in der Theorie eine ambivalente Bedeutung an: sie sind zugleich beschreibender und normativer Natur; es wird behauptet, daß es diese ›Gesetze‹ gibt, und zugleich wird behauptet, daß es diese Gesetze geben sollte. Das vorgeblich erkannte ›Gesetz‹ der Geschichte vollzieht sich nicht automatisch, hinter dem Rücken der Beteiligten, sondern es muß bewußt ergriffen werden. Wenn das historische Gesetz und seine Erkenntnis zusammenkommen, dann kann die Wirklichkeit sich zu ihrem ›wahren‹ Wesen befreien – so lautet das Versprechen der totalitären Metaphysik.

Die totalitäre Metaphysik will die Wirklichkeit ganz nach ihren fürchterlichen, manichäischen Bildern formen. Was dieser Umformung widerstrebt, wirkt nicht etwa als Anlaß zum Zweifel – eine Widerlegung gibt es für die totalitäre Metaphysik nicht –, sondern als Grund der erbitterten Verfeindung: es muß vernichtet werden, damit das geschichtliche Wahrheitsgeschehen ungehindert seinen Lauf nehmen kann. Es war nicht nur eine individuelle Paranoia, sondern es liegt in der inneren Konsequenz der totalitären Metaphysik, wenn Hitler während der letzten Tage im Führerbunker unter der Reichskanzlei mehrfach der Überzeugung Ausdruck gab, das deutsche Volk habe sich seiner nicht wert erwiesen und verdiene es deshalb, zugrunde zu gehen.

Die totalitäre Metaphysik begnügt sich nicht damit, die Welt mit Hilfe des manichäischen Freund/Feind-Schemas zu deuten; nach diesem Schema definiert sie auch das Verhältnis, das man zu ihr als Theorie einnehmen kann: man kann sich von ihr entweder bekehren lassen, oder man bleibt ihr Feind.

Die totalitäre Metaphysik gibt auch vor, erklären zu können, weshalb bestimmte Leute nicht an sie glauben können: aus rassischen oder aus Gründen der Klassenzugehörigkeit sei ihnen das richtige Bewußtsein versperrt. Aus faschistisch-biologistischer Sicht kann Abhilfe nur geschaffen werden durch ›Rassenhygiene‹ oder durch physische Vernichtung des »Artfremden«. Das stalinistische Denken kennt demgegenüber noch das Mittel der klassenpolitischen Umerziehung: auch der Kleinbürger kann sich auf den Standpunkt des Proletariats »emporarbeiten«. Allerdings gibt es auch im Stalinismus die Bereitschaft zur physischen Vernichtung jener Menschen, die dem metaphysisch konzipierten geschichtlichen »Wahrheitsgeschehen« widerstehen. Die Roten Khmer in Kambodscha beispielsweise haben Menschen umgebracht, weil diese als Brillenträger und ohne Schwielen an den Händen zureichend als »bürgerliche Intellektuelle« stigmatisiert waren.

Die totalitäre Metaphysik nimmt ihre Adepten in die von ihr entwickelten Weltbilder hinein. *Sie gibt nicht nur vor, das Ganze zu begreifen, sie greift auch nach dem ganzen Menschen.*

Die totalitäre Metaphysik verspricht dem Menschen eine kompakte, unzersetzbare Ganzheit. Sie gibt dem Menschen die Geborgenheit einer Festung mit Sehschlitzen und Schießscharten. Sie wird errichtet aus Angst vor dem offenen Lebensgelände, vor dem Risiko der menschlichen Freiheit, die stets auch bedeutet: Ungeborgenheit, Alleinsein, in der Fremde bleiben.

Sartre hat den Typus des totalitären Metaphysikers am Beispiel des Antisemiten so beschrieben: »Er ist ein Mensch, der Angst hat. Nicht vor den Juden, (sondern) vor sich selbst, vor seiner Willensfreiheit, seinen Instinkten, seiner Verantwortung, vor der Einsamkeit und vor jedweder Veränderung, vor der Welt und den Menschen . . . Der Antisemit ist, kurz gesagt, die Angst, Mensch zu sein. Der Antisemit will ein unerbittlicher Felsen, ein reißender Sturzbach, ein verheerender Blitz – alles, nur kein Mensch sein.«

Die totalitäre Metaphysik ist die Perversion eines universalistischen Denkens: Sie hilft dem Menschen, seine zufällige Einzelheit loszuwerden und gibt ihm Bilder und Vorstellungen an die Hand, mit denen er sich einem Ganzen zugehörig fühlen kann – im verfeindenden Gegensatz zu denen, die nicht dazugehören. Dieser Gegensatz ist von elementarer Bedeutung: Das Gefühl der eigenen Ganzheit ist, genau besehen, nichts anderes als das Resultat des Rückstoßes der gegen die anderen, die Fremden gerichteten Verfeindungsenergie.

Der totalitäre Metaphysiker muß fremde Behausungen zerstören, um sich in der eigenen zu Hause fühlen zu können. Das Leben in Freiheit empfindet er als eine Zumutung, der er nicht gewachsen ist. Er flieht aus dem Offenen und der Fremde in die Geborgenheit. Seine Strategie der Heimkehr jedoch ist die der verbrannten Erde. Seine Wahrheit ist die der Zerstörung des eigenen Andersseins und des Seins der Anderen. »Es wurde ein Fehler gemacht«, läßt Büchner seinen Danton ausrufen, »wie wir geschaffen wurden; es fehlt uns etwas, ich habe keinen Namen dafür – aber wir werden es einander nicht aus den Eingeweiden herauswühlen, was sollen wir uns drum die Leiber aufbrechen?«

Der totalitäre Metaphysiker kann nur ganz bleiben, wenn er bei den anderen alles zerstört, was ihn daran erinnern könnte, daß ihm etwas fehlt, daß sein Leben niemals ganz werden kann, daß es immer ein Stück weit in der Fremde bleiben muß.

Es gehört zur schwierigen Würde des Menschen, diese Fremdheit anzunehmen und das Beste daraus zu machen.

Kafka zum Beispiel hat das getan.

Am Vorabend des totalitären Gemetzels in Europa notiert er 1922 im Tagebuch über den Sinn seines Schreibens: »das Hinausspringen aus der Totschlägerreihe, Tat-Beobachtung«.

Kafka
oder Die Kunst, in der Fremde zu bleiben

Milena Jesenska versucht in einem Brief an Max Brod zu erklären, weshalb ihre Liebe zu Kafka eine unmögliche Liebe war. Kafka sei, so Milena, ganz einfach nicht in jener Wirklichkeit zu Hause gewesen, wo es lebbare Bindungen und Liebesverhältnisse geben könne. Sie schreibt: »Gewiß steht die Sache so, daß wir alle dem Augenschein nach fähig sind zu leben, weil wir irgendeinmal zur Lüge geflohen sind, zu Blindheit, zu Begeisterung, zum Optimismus, zu einer Überzeugung, zum Pessimismus oder zu sonst etwas. Aber er ist nie in ein schützendes Asyl geflohen, in keines ... Er ist wie ein Nackter unter Angekleideten.«

Als dieser »nackte« Mensch, der aus allen lebensdienlichen Übereinkünften und Sinngebungen herausgefallen ist, für den die Halt gebenden kulturellen Selbstverständlichkeiten nicht zu existieren scheinen, als dieser Mensch ohne »schützendes Asyl« hatte sich Kafka ausdrücklich in einem Brief an Milena dargestellt:

»Es ist etwa so, wie wenn jemand vor jedem einzelnen Spaziergang nicht nur sich waschen, kämmen usw. müßte – schon das ist ja mühselig genug – sondern auch noch, da ihm vor jedem Spaziergang alles Notwendige immer wieder fehlt, auch noch das Kleid nähn, die Stiefel zusammenschustern, den Hut fabricieren, den Stock zurechtschneiden usw. Natürlich kann er das alles nicht gut machen, es hält vielleicht paar Gassen lang, aber auf dem Graben (eine Straße in Prag, R. S.) z. B. fällt plötzlich alles auseinander und er steht nackt da mit Fetzen und Bruchstücken. Diese Qual nun, auf den Altstädter Ring zurückzulaufen! Und am Ende stößt er noch in der Eisengasse auf einen Volkshaufen, welcher auf Juden Jagd macht ... Mißversteh mich nicht Milena, ich sage nicht daß dieser Mann verloren ist, ganz und gar nicht, aber er ist verloren, wenn er auf den Graben geht, er schändet dort sich und die Welt.«

Kafka fühlt sich schutzlos, weil er jedesmal, wenn er sich unter Menschen wagt, bei einem Nullpunkt anfangen muß. Es fehle ihm, so sagt er, an allem was zur ›Normalität‹ gehört: eine gemeinsame Sprache, ein gemeinsamer Sinn, gemeinsame Begriffe über das Wahre und das Falsche, über Gut und Böse.

Wer die befremdende Distanz zu den Mythen und Ritualen einer Kultur nicht überbrücken kann, ist tatsächlich »verloren«, wenn er sich auf die Straße hinauswagt. Während alle anderen, da sie das Spiel selbstverständlich beherrschen, eine kompakte Identität zu haben scheinen, hat er alle Hände voll damit zu tun, sich irgendwie zusammenzuhalten.

Aber – auch das spricht Kafka deutlich aus – mit diesen Schwierigkeiten muß er sich nur abmühen, »wenn er auf den Graben«, also in »die Welt« geht. Milena lockt ihn mit ihrer Liebe dorthin hinaus.

Ganz und gar nicht »verloren« ist er, wenn er bei sich selbst bleibt. Zwar gibt es auch im eigenen Inneren eine gefährliche Unabsehbarkeit, labyrinthische Verhältnisse. Auch im eigenen Kopf sitzt ein »Feind«. Er nennt ihn den »Ansturm« des »inneren Lebens«: den »vagen Andrang der Schreiblust, die Schlaflosigkeit, die Nähe des Irreseins«. Aber mit alledem, so beteuert er, werde er fertig, wenn man ihn nur in seiner Höhle lasse und ihn nicht herauslocke . . .

Zwei Jahre nach dem zitierten Brief an Milena, 1922, bringt er seine Selbstdeutung auf die kürzeste Formel: »*Mein Leben ist das Zögern vor der Geburt.*«

Kafka blickt auf die Welt wie jemand, der noch nicht zur Welt gekommen ist. Und was ihm dieser ›fremde‹ Blick enthüllt, ist nicht angetan, den Geburtsvorgang, soweit er in seiner Macht steht, zu beschleunigen. Er zögert, weil er Angst hat. Und weil er zögert, wächst die Angst. Er bestehe aus nichts anderem als Angst, bekennt er Milena.

Er schreibt aber auch, – in Briefen an Milena, an Felice, im Tagebuch –, er bestehe aus nichts anderem als »Literatur«.

»Von der Literatur aus gesehen ist mein Schicksal sehr einfach. Der Sinn für die Darstellung meines traumhaften innern Lebens hat alles andere ins Nebensächliche gerückt, und es ist in einer schrecklichen Weise verkümmert und hört nicht auf, zu verkümmern. Nichts anderes kann mich jemals zufriedenstellen.« (Tagebuch, 1914)

Das »Zögern vor der Geburt«, die Angst vor der Welt und Schreiben – das ist bei Kafka so ziemlich dasselbe. Das ›vorgeburtliche‹ Leben vollzieht sich im Schreiben. Das Schreiben soll die Angst vor der Welt ergründen und zugleich eine Zuflucht sein – vor der ängstigenden Welt.

Es ist viel geschrieben worden über Kafkas Weltangst. Er selbst war an diesem Punkt überaus mitteilsam. Der Verlobten Felice gesteht er unumwunden seine Sexualangst. Er befürchtet, impotent zu sein für den Fall, daß eine Beziehung auf eine Ehe hinausläuft. Er hat Angst vor seinem Vater, vor den Ansprüchen, die dieser repräsentiert und denen er nicht genügen zu können meint: beruflicher Erfolg, Gründung einer Familie, gesellschaftliches Ansehen. Er hat Angst auch vor dem alltäglichen gesellschaftlichen Umgang: er befürchtet, sich darin zu verlieren.

Angst macht ihm auch seine prekäre gesellschaftliche Position als Jude. Er ist zuwenig Jude, um in den religiösen Bindungen des Judentums Halt zu finden; und er ist sich seines Judentums zu sehr bewußt, um den Weg der Assimilation gehen zu können. In keiner Nationalität geborgen – die Juden in Prag werden sowohl von den Deutschen als auch von den Tschechen zurückgewiesen –, bleibt ihm nur die Zuflucht der Sprache. Doch da er nicht zu den Deutschen gehört, gehört ihm auch nicht ihre Sprache: er hat sie usurpiert, so empfindet er es. Und deshalb schützt ihn der Aufenthalt in dieser Sprache auch nicht vor der Angst. Jeden Augenblick, sagt er, könne man ihm diese »Beute« abjagen.

Die Kafkaschen Selbstdeutungen, bei denen seine Ängste im Mittelpunkt stehen, lassen das Schreiben lediglich als Ausdruck einer Niederlage angesichts des ängstigenden Lebens gelten. Schreiben als Rückzug vor dem Leben, und das heißt: Schreiben als vermindertes Leben.

Aber es gibt noch eine andere Version der Selbstdeutung: Im Schreiben, und nur im Schreiben, ist er in der Wahrheit des Lebens, sagt Kafka. Er ist unbescheiden genug, in diesem Zusammenhang nicht nur von »seinem« Leben zu sprechen. Er empfindet sich als Extremfall, aber gerade deshalb als jemand, den seine ›Natur‹ dazu verurteilt, in Gebiete vorzudringen, die denen verschlossen bleiben müssen, die in ihrer Wirklichkeit behaglich zu Hause sind. Er ist unbescheiden genug, um seine literarischen Erkundungen als »Ansturm gegen die letzte irdische Grenze« (Tagebuch 16. 1. 1922) zu interpretieren.

Es gibt also auch Augenblicke, in denen Kafka wußte, daß er Kafka ist. Das beweist auch eine frühe Notiz in seinem Tagebuch: »Die ungeheure Welt, die ich im Kopf habe. Aber wie mich befreien und sie befreien, ohne zu zerreißen. Und tausendmal lieber zerreißen, als in mir sie zurückhalten. Dazu bin ich ja hier, das ist mir ganz klar.« Wieder die Geburtsmetaphorik. Diesmal aber geht es nicht darum, daß das Schreiben ein vermindertes Leben, ein »Zögern vor der Geburt« ist. Im Gegenteil: das Schreiben ist ein Akt des Gebärens. Eine »ungeheure Welt« im Kopf drängt danach, zur Welt zu kommen.

Die ungeheure Welt

Tatsächlich hat sich die Welt des Kafkaschen Werkes als »ungeheuer« erwiesen. Ihr Bedeutungsreichtum scheint unerschöpflich zu sein. Man hat den Eindruck, daß die unendliche Deutbarkeit des Kafkaschen Werkes weitgehend identisch ist mit der unendlichen Deutbarkeit des Lebens selbst. Wahrscheinlich konnte ein solches Werk nur geschrieben werden aus einer Perspektive des »Zögerns vor der Geburt«. Denn wenn man einmal ganz hineingeboren ist in seine Lebensverhältnisse, unterliegt man sogleich dem Gesetz des Wahrnehmungsverlustes durch Vertrautheit, Gewohnheit, kulturelle Selbstverständlichkeiten.

Kafka hat es ins Leben wie in eine Fremde verschlagen, und er hat dieses Leben nach seiner Wahrheit zu erforschen versucht – wie ein Ethnologe, der eine fremde Kultur aufsucht und bestrebt ist, ihren Zusammenhalt, ihren Sinn, ihre Spielregeln zu verstehen.

Den Ethnologen leitet die Neugier, er setzt sich der fremden Kultur aus, weil er in der seinen zu Hause ist. Anders Kafka. Sein einziges Zuhause ist dieses literarische Forschungsunternehmen selbst. Die »ungeheure Welt«, die er entdeckt, ist die ganz gewöhnliche, gesehen aus der Perspektive dessen, der noch zögert, in sie hineingeboren zu werden. Es ist, wie wenn jemand unversehens in ein Spiel hineingerät, dessen Spielregeln er nicht kennt. Einfach mitspielen kann er nicht, er würde auf Schritt und Tritt Fehler machen und damit die anderen in ihrem Spiel stören. Man müßte das Spiel anhalten, sich die Regeln erklären lassen können und dann den Spielreigen wieder eröffnen. Das Spiel, das Leben, läßt sich aber nicht anhalten. So versucht der Spielunkundige, die Regeln zu erlernen, indem er den anderen zuschaut. Statt zu spielen, muß er sich aufs Deuten verlegen. Natürlich hofft er, irgendwann einmal an ein Ende der Deutung zu kommen, denn schließlich will er ja mitspielen. Doch je mehr er das Spiel deutet, desto unbegreiflicher wird es ihm. Er unternimmt unbeholfene Versuche, mitzuspielen – aus Ungeduld; er kann ja nicht warten, bis er alles begriffen hat. Aber nun weiß er nicht mehr, ob das, was sich in der Folge seiner Eingriffe abspielt, überhaupt noch zum Spiel gehört. Vielleicht beantworten die in ihrem Spiel Aufgestörten diese Störung mit einem neuen Spiel. Und der Spielunkundige weiß nun nicht, ob er noch das ›alte‹ oder bereits ein ›neues‹ Spiel deuten muß. Von solchen Spielzügen des Lebens heißt es in Kafkas Roman »Das Schloß«: »Die Überlegungen, zu denen sie Anlaß geben, sind endlos . . .«

Kafka beginnt die Arbeit an dem Roman »Das Schloß« während eines Sanatoriumaufenthaltes im Gebirgsort Spindelmühle im Winter 1921/22. Die Gegend ist tief verschneit und auch das Dorf des Romans, in dem der Landvermesser K. eines Nachts ankommt, versinkt im Schnee. Kafka ist, seiner fortschreitenden Tuberkulose wegen, vom Bürodienst bei der Prager Arbeiterunfallversicherungsanstalt beurlaubt. Die Liebesbeziehung zu Milena ist beendet. In den letzten zwei Jahren hat Kafka kaum mehr etwas geschrieben. Er fühlt sich wie in einem Niemandsland. Ohne Liebe, von der Berufsarbeit getrennt, aus dem Schreiben »herausgeworfen«. Das Leben, so kommt es ihm vor, versinkt unter den Schneemassen, die ihn umgeben.

Nach einem seiner abendlichen Spaziergänge auf einem verschneiten Weg (»ein sinnloser Weg ohne irdisches Ziel«) notiert er im Tagebuch: »Wäre es nur so, wie es auf dem Weg im Schnee scheinen kann, dann wäre es schrecklich, dann wäre ich verloren ... Aber ich bin anderswo, nur die Anziehungskraft der Menschenwelt ist ungeheuerlich, in einem Augenblick kann sie alles vergessen machen. Aber auch die Anziehungskraft meiner Welt ist groß, diejenigen, welche mich lieben, lieben mich, weil ich ›verlassen‹ bin ... weil sie fühlen, daß ich die Freiheit der Bewegung, die mir hier völlig fehlt, auf einer anderen Ebene in glücklichen Zeiten habe.«

Im Schloß-Roman versucht Kafka diese beiden Welten – die »Menschenwelt« und »seine« Welt, die Lebenswurzeln »unten« und die Lebenswurzeln »oben« – darzustellen, die Art ihrer Anziehungskraft, ihre wechselseitige Beziehung zu schildern; vor allem aber will er der Frage nachgehen: von welchem Punkt aus, von »unten« oder von »oben«, von der »Menschenwelt« oder von »seiner« Welt her, erschließt sich die Möglichkeit eines ›wahren‹ Lebens?

Kafka wird auch diesen Romanversuch abbrechen. Es ergeht ihm wie der Hauptfigur des Romans. Auch der Landvermesser findet nicht den Weg ins Schloß, das er doch so deutlich und nah vor Augen hat. In einer Seitengasse des Dorfes versinkt er im Schnee, findet sich in einer engen Bauernstube wieder, wo eine dumpfe, kreatürliche Wärme ihn einschläfert . . .

Der abendliche Spaziergang auf verschneitem Weg, worüber Kafka im Tagebuch berichtet, endete vor einer Brücke. Er sieht, so schreibt er, keinen Sinn darin, weiter zu gehen, über die Brücke hinaus in die Winternacht. Wo Kafka selbst innehält, dort läßt er die Hauptfigur seines Romans, den Landvermesser K., seinen Weg beginnen: »Es war spätabends, als K. ankam. Das Dorf lag in tiefem Schnee. Vom Schloßberg war nichts zu sehen . . . Lange stand K. auf der Holzbrücke, die von der Landstraße zum Dorf führte, und blickte in die scheinbare Leere empor.«

Indem Kafka seinen Landvermesser K. über jene Brücke schickt, vor der der Autor selbst umkehrt, läßt er seine Hauptfigur sozusagen stellvertretend das Experiment des ›Zur-Welt-Kommens‹ wagen. Der Landvermesser fängt bei einem Nullpunkt an, er hat alle Brücken hinter sich abgebrochen – warum, das erfährt man im Roman nicht. Er will neu anfangen. Er ist kein Wahrheitssucher, er dürstet nicht nach Erkenntnis. Er will sich nur ganz einfach einen Platz im Dorf erobern. Wenn ihm an ›Wahrheit‹ liegt, so nur in jenem von Kafka gerne zitierten Flaubertschen Sinne, wonach ›in der Wahrheit‹ lebt, wer fest eingebunden ist in Beruf, Ehe und Familienpflichten.

Der Landvermesser ist also kein Gralsritter, der ausgezogen ist, um das Geheimnis eines ominösen Schlosses zu lüften. Als er im Dorf ankommt, weiß er nichts von einem Schloß. »Ist denn hier ein Schloß?«, fragt er verwirrt, als man ihn aus dem ersten Schlaf am Ofen des Dorfgasthauses weckt. Der ihn so unsanft aufstört, stellt sich als Sohn des Schloßkastellans vor und erklärt: »Dieses Dorf ist Besitz des Schlosses, wer hier wohnt und übernachtet, wohnt oder übernachtet gewissermaßen im Schloß. Niemand darf das ohne gräfliche Erlaubnis. Sie aber haben eine solche Erlaubnis nicht oder haben sie wenigstens nicht vorgezeigt.«

Wie sich wenig später herausstellt, ist es das Einfachste von der Welt, diese »Erlaubnis« zu erhalten. Der Kastellan ruft die Schloßbehörde an. Sie weiß nichts von einem Landvermesser. Dann klingelt das Telefon, die Schloßbehörde ruft zurück, korrigiert den »Irrtum« der ersten Abweisung. Der Kastellan und alle Dorfbewohner nennen K. von nun an den »Landvermesser«. Kurz darauf stellen sich die von der Behörde ihm zugeteilten zwei Gehilfen ein, und ein Bote, Barnabas, überbringt einen Brief von dem Schloßbeamten Klamm. Darin heißt es: »Sehr geehrter Herr! Sie sind, wie Sie wissen, in die herrschaftlichen Dienste aufgenommen ...«

Jetzt könnte die Geschichte bereits zu Ende sein. K. ist ans Ziel seiner Wünsche gelangt. Er ist als Landvermesser bestätigt. Der Schloßbeamte verweist ihn an den Gemeindevorsteher des Dorfes. Mit ihm solle er alles Nähere über Arbeit und Lohnbedingungen regeln, und ihm sei er auch Rechenschaft schuldig. Klamm kündigt darüber hinaus an, der Bote Barnabas werde von Zeit zu Zeit die Wünsche K.s erfragen und sie dem Schloß mitteilen. »Es liegt mir daran«, schreibt Klamm, »zufriedene Arbeiter zu haben.«

Nun aber erklärt der Gemeindevorsteher, daß man im Dorf eigentlich gar keinen Landvermesser braucht. Die Grenzen der Besitztümer sind von alters her geregelt. Kleine Streitereien über fragliche Besitzverhältnisse wird man auch in Zukunft ohne Kataster und Neuvermessungen beilegen können. Kurz: der Landvermesser kann wohl im Dorf bleiben, aber eine Arbeit wird man ihm nicht anweisen können.

K. ist also bereits kurz nach seiner Ankunft mit einem elementaren Widerspruch konfrontiert. Er ist zugleich aufgenommen und abgewiesen. Wie soll er sich in diesem Widerspruch verhalten? Er sieht keine andere Möglichkeit, als sich auf die Kunst des Deutens zu verlegen. Vielleicht, daß sich die Widersprüche auflösen, wenn man jene Bedeutungen aufdeckt, die sich hinter den Worten und Verhaltensweisen verbergen. Kann er, beispielsweise, der Auskunft des Gemeindevorstehers Glauben schenken? Hat dieser Mann wirklich einen Überblick? Ihm kommen Zweifel, da er doch die ungeheure Unordnung unter den Amtspapieren bemerkt. Außerdem scheint es eher die Frau des Gemeindevorstehers zu sein, die in den amtlichen Angelegenheiten Bescheid weiß. Will der Gemeindevorsteher ihn vielleicht aus ganz eigensüchtigen Interessen, die K. noch nicht kennt, abweisen und entmutigen? Oder steckt vielleicht seine Frau dahinter? K. hat ja inzwischen eine Liebschaft mit der Kellnerin Frieda begonnen, der ehemaligen Geliebten Klamms. Vielleicht ist die Frau des Gemeindevorstehers deshalb eifersüchtig.

Die Verwirrung K.s nimmt zu, als ihm der Gemeindevorsteher Amtsvorgänge des Schlosses schildert. Es herrscht dort offenbar ein unvorstellbares Chaos. Denn, so läßt der Gemeindevorsteher durchblicken, es kann durchaus sein, daß vor langer Zeit einmal ein Landvermesser angefordert worden war; ein Vorgang, der dann im Gestrüpp der Schloßbürokratie hängen blieb und nun, infolge des Eifers irgendeines vielleicht sogar unzuständigen Beamten, wieder in Gang gesetzt worden ist.

K. ist empört über dieses »lächerliche Gewirre . . ., welches unter Umständen über die Existenz eines Menschen entscheidet«. Die Erzählungen des Gemeindevorstehers, vorausgesetzt, man schenkt ihnen Glauben, entwerten natürlich den Brief Klamms. Allerdings hatte eine gründliche Exegese dieses Briefes K. ohnehin in große Zweifel und Unsicherheit geraten lassen. Er war über die Worte gestolpert: »Sie sind, *wie Sie wissen*, in die herrschaftlichen Dienste aufgenommen.« Je mehr er darüber nachgedacht hatte, desto undeutlicher wurde ihm ihr Sinn. Ist mit den Worten »wie Sie wissen« wirklich seine Aufnahme im Dorf bestätigt worden, oder bedeuten sie nicht vielmehr, daß Klamm unsinnigerweise lediglich die Tatsache bestätigt, daß der Landvermesser zu wissen meint, aufgenommen worden zu sein? In diesem Falle würde Klamm ihm nur sein eigenes Wissen zurückgespiegelt haben. Die Frage, ob dieses Wissen auch der Wahrheit entspricht, ob er also wirklich aufgenommen ist oder es sich nur einbildet, diese Frage bliebe dann unbeantwortet.

K., der ins Dorf gekommen ist, nicht um ›Wahrheiten‹ zu finden, sondern um dort zu leben und zu arbeiten wie die anderen auch, wird immer weiter von diesem ursprünglichen Ziel abgelenkt. Er nimmt, wie er sagt, »den Kampf mit dem Schloß« auf. Aber dieser »Kampf« besteht vor allem darin, die Wahrheit über das Schloß herauszubekommen. Da man sich ihm gegenüber im Dorf so abweisend verhält, da er das komplizierte Geflecht der Beziehungen unter den Dorfbewohnern nicht durchschaut, manche Verhaltensweisen nicht versteht, da ihm also gewisse Grundregeln des Lebens hier unten im Dorf nicht geläufig sind, wendet er sich an die ›höchste Instanz‹. Er muß ihre ›Wahrheit‹ begreifen, damit sein Leben unten im Dorf Wahrheit bekommt. ›Wahrheit‹ ist: Sinn, Beglaubigung, Rechtfertigung. Worüber K. sich keinen Augenblick täuscht: die ›Hiesigen‹, die Dorfbewohner, brauchen diese ausdrückliche Frage nach der Wahrheit nicht zu stellen, sie brauchen nicht über den Briefen vom Schloß zu brüten, sie sind nicht, wie er, von Vieldeutigkeiten umzingelt, sie müssen nicht ihr Leben damit hinbringen, das zu deuten, was um sie herum geschieht und was ihnen widerfährt. Das alles haben sie nicht nötig, denn durch ihre Verwurzelung im Dorf sind sie bereits ›in der Wahrheit‹ und müssen diese nicht erst herausfinden. K. beneidet sie darum. Er will so sein wie die Dorfbewohner: »War er einmal ununterscheidbar von Gerstäcker oder Lasemann (zwei Dorfbewohner, R. S.) – und sehr schnell mußte das geschehen, davon hing alles ab –, dann erschlossen sich ihm gewiß mit einem Schlag alle Wege ...«

Aber weder der Landvermesser noch Kafka selbst werden jemals so selbstverständlich ›dazugehören‹. Die Verwurzelung im ›normalen‹ Leben gelingt nicht. Kafka: »Es ist nicht Trägheit, böser Wille, Ungeschicklichkeit, ... welche mir alles mißlingen lassen: Familienleben, Freundschaft, Ehe, Beruf,

Literatur, sondern es ist der Mangel des Bodens, der Luft, des Gebots.«

Kafka hat von solcher Verwurzelung geträumt und auch Anstrengungen unternommen, ein Leben zu führen, das seine ›Wahrheit‹ in sich selbst trägt. Dreimal hat er sich verlobt; mit Felice hat er in einem Möbelgeschäft sogar schon eine Wohnungseinrichtung ausgesucht. Zweimal hat er den Plan gefaßt, nach Palästina auszuwandern. Ein Handwerk wollte er lernen. Bei seiner Schwester Ottla betätigt er sich in der Landwirtschaft. Nach einer gewissen Zeit bricht er alle diese Versuche wieder ab, kehrt zurück in die Welt seines Schreibens, wo er dann, wie eben im Schloß-Roman, die unabsehbaren Schwierigkeiten erkundet, zur Welt zu kommen. Eine paradoxe Situation: Den Akt des Schreibens versteht er als Rückzug aus der Welt, aber die Themen seines Schreibens kreisen fast immer um das Problem, wie man von jenem ominösen »Anderswo« her wieder in der Welt heimisch werden kann.

Kafka und sein Landvermesser fühlen sich von den *impliziten Wahrheiten* des Lebens, also von den Wahrheiten, die man im unmittelbaren Lebensvollzug realisiert, abgeschnitten. Das macht sie zu Fremden. Und nun versuchen sie, eine *explizite Wahrheit* zu finden, die, nachdem man sie ergriffen hat, ein ›wahres‹, also ein von einer ›höheren‹ Instanz beglaubigtes, gerechtfertigtes, mit Sinn versehenes Leben ermöglichen soll. Die Logik: erst Wahrheit, dann Leben, wird aber niemals ins Leben hineinführen – das gerade zeigen die Kafkaschen Parabeln.

In der Parabel »Vor dem Gesetz« verlangt ein »Mann vom Lande«, in das ›Gesetz‹ eingelassen zu werden. Der Türhüter verwehrt es ihm – nicht mit physischer Gewalt, sondern nur mit Reden. Der Mann vom Lande läßt sich vor dem Tor nieder, ist beeindruckt von diesen Reden. Am Ende wird ihm der Türhüter mitteilen, daß dieser Eingang nur für ihn, den Mann vom Lande, bestimmt war. Hätte der Mann vom Lande also nicht einfach hineingehen und sich nicht um die Reden des

Türhüters bekümmern sollen, statt auf diese Reden zu lauschen und sich von ihren unendlichen Ausdeutbarkeiten verwirren zu lassen?

Der Landvermesser verhält sich genauso. Warum fängt er mit der Arbeit nicht einfach an, erobert sich seinen Platz, auch wenn man ihm den zunächst nicht einräumen will? Warum bringt er seine Tage und Nächte damit zu, den Erzählungen der Dorfbewohner zu lauschen, im Bestreben, die ›Wahrheit‹ des Schlosses herauszufinden und sich eine richtige Strategie im Kampf mit dem Schloß zurechtzulegen? Am Ende ist der Landvermesser keinen Schritt weiter gekommen und ist erschöpft, so erschöpft wie Kafka selbst, der über das Leiden klagt, »welches dieses nichtgelebte Leben begleitet«.

In den »Forschungen eines Hundes«, einer späten Erzählung Kafkas, versucht der Hund dem Geheimnis der Hundenahrung auf die Spur zu kommen: Er will ihre Herkunft bis an ihren Anfang zurückverfolgen, ihre Beschaffenheit ergründen. Das kann er aber nur, so denkt der Hund, wenn er die Nahrung nicht verschlingt; er muß sie, wenn er ihre ›Wahrheit‹ erkennen will, *vor sich haben,* er darf sie nicht *in sich haben.*

Der Hund fastet, um forschen zu können. Er will das Geheimnis des (Hunde-)lebens ergründen mit einer Methode, die ihn gerade von diesem Leben ausschließt. So ergeht es auch dem Landvermesser.

Jedermann im Dorf ist durch eine Art Nahrungskreislauf mit dem Schloß verbunden. Alle haben sie die ›Wahrheit‹ in sich. Sie steckt *implizit* in ihrem Leben. Der Landvermesser aber nimmt nicht teil an der impliziten Wahrheit des Dorflebens. Er strebt nach einer besonderen Beziehung zum Schloß, er will die Wahrheit explizit erkennen: es verlangt ihn nach Anweisungen, Normen, Geboten, Rechtfertigungen, Beglaubigungen. Das hat zur Folge, daß er von seinem ursprünglichen Ziel, eingemeindet zu werden, immer weiter abkommt. Denn, so lautet ein Aphorismus Kafkas, »es gibt nur zweierlei:

Wahrheit und Lüge. Wahrheit ist unteilbar, kann sich also selbst nicht erkennen: wer sie erkennen will, muß Lüge sein.«

Der Landvermesser lebt in der »Lüge«, weil er glaubt, erst die Wahrheit des Lebens ›erkennen‹ zu müssen, ehe er zu leben anfangen kann.

Mit diesem Bestreben trägt er auch Unruhe unter die Leute im Dorf. Er bringt sie in eine Situation, in der sie sich ebenfalls ausdrücklich auf ihr Verhältnis zum Schloß beziehen müssen. Er reißt sie aus der Unmittelbarkeit ihres Lebens. K. mutet ihnen zu, das Geheimnis ihrer Lebenskraft zu offenbaren, er lockt die verschwiegen wirkende Wahrheit ihres Lebens hervor. Die meisten reagieren auf diese Zumutung mit stummer, fast feindseliger Abwehr. Der Dorfschullehrer empfindet die Frage des Landvermessers, ob er den obersten Schloßherren, den Grafen West-West, kenne, geradezu als eine Obszönität.

Nur die Frauen geraten, wenn es um das Schloß geht, in hemmungsloses Erzählen. Aber es scheint nicht dasselbe Schloß zu sein, von dem sie sprechen.

Für die Männerwelt stellt es eine ominöse Macht dar. Die Frauen aber erzählen Liebesgeschichten, wenn sie vom Schloß berichten.

Die Wahrheit der Liebe

Für die Frauen ist das Schloß kein Machtapparat, sondern der Inbegriff sexueller Hingabe. Sie wollen mit den Herren des Schlosses schlafen. Es ist der Höhepunkt ihres Lebens, wenn sie einmal von einem Schloßbeamten zur Geliebten erwählt worden sind. Diese ›Erwählung‹ wird, auch wenn sie nur kurze Zeit gedauert hat, zur kostbarsten Erinnerung der Frauen im Dorf. Davon zehren sie ihr Leben lang, daraus beziehen sie ihre Würde und Kraft. Die Männer des Dorfes, von solcher Beziehung ausgeschlossen, wirken neben diesen Frauen schwächlich, unentwickelt. So kommt es, daß im Dorf eine Art Matriarchat herrscht. Die Frauen haben mehr ›Wahrheit‹ in sich, wenn sie die Schloßbeamten haben in sich eindringen lassen.

Das Spiel der Sexualität – ist das vielleicht die triviale Wahrheit des Schlosses und damit jene gelebte Wahrheit, die die Welt, und nicht nur die des Dorfes, zusammenhält? Daß es sich mit der Wahrheit so verhalten könnte, davon bekommt der Landvermesser eine böse Ahnung, als er mit der aus der Dorfgemeinschaft ausgestoßenen Familie des Barnabas Verbindung aufnimmt.

Das Dorf hat sich von dieser ehemals angesehenen Familie zurückgezogen, weil Amalia, eine Tochter des Hauses, die Ungeheuerlichkeit beging, das Liebeswerben eines Schloßbeamten zurückzuweisen. Dieser Beamte hatte ihr einen offenbar obszönen Brief geschrieben, und sie hat diesen Brief vor den Augen des Boten zerrissen. Amalia hat ein Tabu verletzt. Die Ungeheuerlichkeit besteht nicht nur in der Zurückweisung eines Schloßbeamten. Schlimmer ist, daß sie gesehen hat, was man im Interesse der Bewahrung des Gemeinschaftslebens nicht sehen *darf*: daß es obszöne Verhältnisse sind, die das Schloß dem Dorf zumutet. Oder anders gesagt: Alle sprechen vom Schloß, von der Wahrheit des Lebens, und denken und wollen nur das eine: Sexualität.

Amalia durchschaut das Spiel, sie läßt sich nicht von jener Sentimentalität blenden, mit der die anderen Frauen ihre Schloßgeschichten einhüllen, »sie sah in den Grund ... Aug in Aug mit der Wahrheit stand sie und lebte und ertrug dieses Leben damals wie heute.«

An Amalia wird ein Gesetz der Gemeinschaft vollstreckt: Wer an ihre Tabus, an ihre verschwiegene Wahrheit rührt, wird ausgestoßen.

So wie Amalia gegenüber den Zumutungen des Schlosses ihre Reinheit bewahrt, so bewahrt sie auch ihre Würde, die sie zur Einsamkeit verdammt – anders als die übrigen Familienmitglieder, die nicht aus dem ›Spiel‹ ausgeschlossen werden wollen und deshalb bereit sind, auch die schlimmsten Spielregeln zu akzeptieren. Die Schwester Olga beispielsweise wird zur Prostituierten der niedrigsten Schloßbeamten in der Hoffnung, das Schloß auf diesem Weg gnädig zu stimmen . . .

Amalia indes hat nur Verachtung übrig für alles, was mit dem Schloß zusammenhängt. »Ich hörte einmal von einem jungen Mann«, erzählt sie, »der beschäftigte sich mit dem Gedanken an das Schloß bei Tag und Nacht, alles andere vernachlässigte er, man fürchtete für seinen Alltagsverstand, weil sein ganzer Verstand oben im Schloß war. Schließlich aber stellte es sich heraus, daß er nicht eigentlich das Schloß, sondern die Tochter einer Aufwaschfrau in den Kanzleien gemeint hatte. Die bekam er nun allerdings, und dann war alles wieder gut . . .«

Auch der Landvermesser K. denkt unablässig an das Schloß. Auch er stellt jenen Frauen nach, die in irgendeiner Beziehung zum Schloß stehen. Und doch verhält es sich bei ihm umgekehrt wie bei jenem »jungen Mann«, von dem Amalia erzählt. Dessen Verlangen nach dem Schloß ist nichts anderes als das Verlangen nach einer Frau. Der Landvermesser hängt sich an die Frauen, um ins Schloß zu gelangen. Der eine begehrt im Schloß nur das Sexuelle, der andere sucht in der Sexualität etwas ›Schloßartiges‹. Es ist für den Landvermesser unerträglich, daß die nackte Sexualität die ›Wahrheit‹ des Lebens sein soll. Indem er in der Sexualität nach einer Beziehung zum Schloß fahndet, sucht er nach etwas Überschwenglichem, nach dem ganz Anderen, das vielleicht in der Sexualität aufscheint.

Der Landvermesser wälzt sich mit Frieda in einer Bierlache vor dem Zimmer des Beamten Klamm im »Herrenhof«, aber er hat dabei nicht Frieda im Sinn, sondern diesen Klamm, das Schloß also. Nicht in der Umarmung der Frau, sondern in Klamms Zimmer hofft K. seine ›Wahrheit‹ zu finden. Die Umarmung Friedas empfindet er für sich genommen als entsetzlich: »(es) vergingen Stunden, Stunden gemeinsamen Atems, gemeinsamen Herzschlags, Stunden, in denen K. immerfort das Gefühl hatte, er verirre sich oder er sei so weit in der

Fremde, wie vor ihm noch kein Mensch, einer Fremde, in der selbst die Luft keinen Bestandteil der Heimatluft habe, in der man vor Fremdheit ersticken müsse und in deren unsinnigen Verlockungen man doch nichts tun könne als weiter gehen, weiter sich verirren«.

Als in diesem Augenblick aus Klamms Zimmer mit »befehlend-gleichgültiger Stimme« nach Frieda gerufen wird, fühlt sich der Landvermesser geradezu befreit, ein »tröstliches Aufdämmern«: das Schloß mischt sich endlich in diese obszöne Umarmung ein, gibt ihr eine eigenartige Bedeutsamkeit, die den Landvermesser vor dem Ekel, vor dem quälenden Gefühl der Sinnverlassenheit dieser Balgerei in der Bierpfütze schützt. Der Landvermesser wiederholt diesen Ruf aus Klamms Zimmer, damit ihn Frieda ja nicht überhört. Doch Frieda folgt dem Ruf nicht. Sie pocht trotzig an Klamms Tür und ruft, sie bleibe beim Landvermesser.

K. kann sich dieses »Sieges« nicht freuen. Eine Frau, die, statt den Weg ins Schloß zu bahnen, ihn von diesem Zugang absperrt, verliert in seinen Augen sofort allen Wert. In ihren Armen fühlt er sich »verloren«; deshalb flieht er zu anderen Frauen, immer auf der Suche nach Zugängen und Eingängen zum Schloß.

Auch Kafkas eigene Liebesversuche sind bestimmt von der Weigerung, die Wahrheit der Sexualität als die Wahrheit der Liebe anzuerkennen. Und wie der Landvermesser sucht Kafka nach etwas ›Schloßartigem‹, nach einer ›Wahrheit‹, die man davor bewahren muß, in der Sexualität verlorenzugehen. In der Zeit seiner ersten Verlobung mit Felice Bauer notiert er, am 14. 8. 1913, in seinem Tagebuch: »Der Coitus als Bestrafung des Glücks des Beisammenseins. Möglichst asketisch leben, asketischer als ein Junggeselle, das ist die einzige Möglichkeit für mich, die Ehe zu ertragen.«

Es gibt für Kafka eine Strategie, die Bindung an eine Frau zu wählen und gleichzeitig die Verbindung zum Schloß nicht abreißen zu lassen. In einer Bemerkung Max Brod gegenüber hat er diese Strategie im Sommer 1912 so formuliert: »Wenn es wahr wäre, daß man Mädchen mit der Schrift binden kann ...«

Drei Monate später unternimmt er einen Großversuch in dieser Angelegenheit: eine Frau durch die Schrift zu binden. Er dauert fünf Jahre und besteht in einem Briefkonvolut von – in der Buchausgabe – siebenhundert eng bedruckten Seiten. Eine Liebesgeschichte, die zwischen Literatur und Leben lokalisiert ist. Die Adressatin der Briefe, Felice Bauer, ist nicht erfunden, aber Kafka unternimmt den kühnen und – wie er selbst hinterher schuldbewußt einräumt – den geradzu »teuflischen« Versuch, diese Frau und damit auch seine Beziehung zu ihr und also auch sich selbst *neu zu erfinden.*

Canetti hat die Liebesgeschichte zwischen Kafka und Felice Bauer meisterhaft erzählt. Ich werde nur Kafkas eigenartige Strategie skizzieren, die Sexualität und das ›Schloß‹, die Askese des Leibes und die Ekstase des Schreibens miteinander zu verbinden.

Die Geschichte beginnt am 13. August 1912. Kafka ist neunundzwanzig Jahre alt. In den Monaten zuvor ist der Druck von seiten des Vaters, doch nun endlich das junggesellische Dasein zu beenden, immer quälender geworden. Im Sommer dieses Jahres war der unverheiratete Madrider Onkel zu Besuch bei Kafkas und hatte schrecklich über sein Junggesellenschicksal geklagt. Im Jahr zuvor hatte Kafka, veranlaßt durch die Begegnung mit einer ostjüdischen Schauspielertruppe, im Talmud gelesen und dort den Satz gefunden: »Ein Mann ohne Weib ist kein Mensch.« Kurz: Kafka glaubt, sich der Pflicht zu heiraten nicht länger entziehen zu können. In derselben Zeit unternimmt er erste Schritte, als Schriftsteller an die Öffentlichkeit zu treten.

An diesem 13. August besucht Kafka nun seinen Freund Max Brod in dessen elterlicher Wohnung, um mit ihm die Textauswahl für die erste Buchveröffentlichung, die bei Rowohlt erscheinende Prosasammlung »Betrachtung«, zu beraten.

Eine weitläufige Verwandte Brods ist an diesem Abend besuchsweise zugegen: Felice Bauer. Vierundzwanzig Jahre alt, Jüdin, unverheiratet, Prokuristin einer Diktaphonfirma in Berlin.

Kafka nimmt zunächst kaum Notiz von dieser Frau, die ihm, so notiert er wenige Tage später im Tagebuch, wie ein »Dienstmädchen« vorkam. Aufgefallen aber war ihm ihr »knochiges leeres Gesicht, das seine Leere offen trug«.

Vier Wochen nach dieser ersten Begegnung beschließt Kafka – es war ein »Beschluß«, keine Verliebtheit –, dieses »leere Gesicht« mit seinen Schriftzügen zu bedecken. Das Projekt, eine Frau »mit der Schrift zu binden«, nimmt seinen Anfang.

Bereits im zweiten Brief bittet er Felice, eine Art Tagebuch zu führen. Er erbittet von ihr genaue Auskünfte über Angelegenheiten wie diese: wann sie gefrühstückt habe, wann sie im Büro eingetroffen sei; welche Aussicht sie von ihrem Bürozimmer aus habe, womit sie sich beschäftige nach Dienstschluß, wer ihre Freundinnen und Freunde seien. Wie das Wetter gewesen sei. Wie sie geschlafen habe, usw.

Eines ist auffällig: Kafka, der nach dem dritten Brief schon beginnt, sein inneres Seelenleben vor Felice auszubreiten, zeigt wenig Interesse an Felices Gedanken und Gefühlen. Was ihn selbst betrifft, beteuert er stets, daß seine ›äußere‹ Wirklichkeit die ›Wahrheit‹ seiner Person eher verberge. Umgekehrt aber erbittet er von Felice ein möglichst genaues Protokoll ihrer ›äußeren Wirklichkeit‹. Felices Briefe sind nicht erhalten. Sicherlich hat sie darin auch über ihr inneres Leben geschrieben, aber Kafka hat darauf so wenig Bezug genommen, daß man aus seinen Briefen nur ein schemenhaftes Bild dieser Frau erhält. Man hat den Eindruck, daß er, verloren in den eigenen inneren Labyrinthen, nicht auch noch in die Labyrinthe eines anderen Menschen eindringen kann und will: Er hat mit der eigenen Vieldeutigkeit genug zu tun, die Vieldeutigkeit anderer überfordert ihn. So deutlich spricht er es Felice gegenüber niemals aus, aber er gibt es ihr indirekt zu verstehen. Auf eine Bemerkung Felices, Kafka habe am ersten Abend von ihr offenbar kaum Notiz genommen, antwortet Kafka demonstrativ mit einem Riesenbrief, der den Verlauf dieses Abends minutiös so schildert, daß die alltäglichen Vorkommnisse dieses Abends wie in einen Geheimniszustand versetzt scheinen. Kafka gibt eine Kostprobe seines literarischen Verfahrens, in den ›einfachen‹ Geschichten einen Abgrund von Deutungsmöglichkeiten aufzureißen. »Die einfache Geschichte war unförmlich geworden«, heißt es einmal im Roman »Der Prozeß«. So »unförmlich« wird in den Briefen Kafkas auch die ›einfache‹ Geschichte der ersten Begegnung mit Felice Bauer am Abend des 13. August 1912.

Der Riesenbrief soll Felice warnen: bereits ein winziger Wirklichkeitsausschnitt berge für ihn eine nicht mehr zu bewältigende Fülle von Deutungsmöglichkeiten. Das beste sei deshalb, so schreibt er ihr ein andermal, wenn er sich im Medium der Sprache »Bildchen« anfertige; der Bedeutungsreichtum des Lebens werde dadurch zwar vermindert, andererseits bleibe er auf diese Weise davor geschützt, von den Vieldeutigkeiten des Lebens überschwemmt zu werden.

Kafka strebt eine asketische Regelung seines Verhältnisses zur Wirklichkeit an: Die Sprache und die Imagination funktionieren als Schutzvorrichtung gegen die überwältigende Macht des vieldeutigen Lebens. Deshalb Kafkas häufige Beteuerung: er sei zu schwach für das Leben, seine Kraft reiche nur aus für die Literatur. So will Kafka seine Beziehung zu Felice ganz in die Welt des Briefverkehrs einschließen; es soll eine ›wirkliche‹ Beziehung sein, gleichzeitig soll es aber auch nur ›Literatur‹ sein, was sich zwischen ihm und Felice abspielt.

Während der ersten Monate dieser ›unmöglichen‹ Beziehung, zwischen September 1912 und Januar 1913, befindet sich Kafka in einem wahren Schreibrausch. Es entstehen die Erzählungen »Das Urteil« und »Die Verwandlung« sowie mehrere Kapitel des Amerika-Romans. Offenbar bezieht Kafka literarische Energie aus dem Umstand, daß es ihm zeitweilig gelingt, eine ›wirkliche‹ Beziehung zu einer Frau ausschließlich im Medium der Schrift zu unterhalten. Er, der vor der körperlichen Berührung mit Felice zurückscheut, hat diese Frau seinem literarischen ›Projekt‹ einverleibt. Dieser Zusammenhang bleibt ihm nicht verborgen, einmal bezeichnet er sich als »Vampir«. Natürlich plagen ihn auch Schuldgefühle, die aber sogleich vom Recyclingsystem seines Schreibens als Rohstoff und Energiequelle verwendet werden. Das Schreiben nährt sich von jenen Schuldgefühlen, die das Schreiben angesichts des Lebens hervorbringt. Die Erzählung »Das Urteil« handelt von nichts anderem als von diesen Schuldgefühlen. Mit ihnen kann Kafka, sofern er im »Asyl des Schreibens« geborgen ist, durchaus leben. Wirkliche Gefahr droht dieser Selbsthervorbringung im Schreiben erst in dem Augenblick, als Felice des »Irrsinns der Briefe« (Kafka) müde wird und auf eine persönliche Begegnung drängt.

Kafka hatte in seinen Briefen zuvor stets betont, daß er nur im Schreiben der Wahrheit seiner Person nahe sei. Jetzt wechselt er, in einer Art Panik, die Perspektive. Sein Schreiben sei eine einzige Lüge, behauptet er. »Ich fahre nach Berlin zu keinem anderen Zweck, als um Dir, der durch Briefe Irregeführten, zu sagen und zu zeigen, wer ich eigentlich bin . . . Schriftlich mißlang es . . ., wenn ich aber wirklich dasein werde, wird sich nur wenig verbergen lassen . . . Die Gegenwart ist unwiderleglich« (19. 3. 1913). Die »unwiderlegliche Gegenwart« offenbart eine vollkommene wechselseitige Fremdheit. Kafka kommt am Ostersamstag, dem 22. März 1913, in Berlin an. Er steigt im »Askanischen Hof« ab, wartet auf Nachricht von Felice. Erst am Sonntag nachmittag treffen die beiden zusammen und verbringen einige für Kafka qualvolle Stunden mit einem Spaziergang im Grunewald. Sie haben sich nichts zu sagen, und nichts geschieht zwischen ihnen.

Davor hatte Kafka Felice bereits in einem der ersten Briefe gewarnt: Wenn man ihn aus dem Schreiben herauslocke, *bleibe nichts von ihm übrig*: »Wo ich mich aber jemandem nahe bringen und mich ganz einsetzen will ... dann bin ich nichts und was will ich mit dem Nichts anfangen« (8. 11. 1912).

Aber ebenso wie der Landvermesser K. nicht von seinem Wunsch ablassen kann, in Arbeit und Familie geborgen das Leben der Dorfbewohner zu teilen, so bleibt Kafka unter der »Anziehungskraft« dieser ›normalen‹ Welt, auch wenn er sich dort als ein »Nichts« empfindet. Und deshalb hält er auch nach der enttäuschenden Oster-Begegnung an Felice fest. Im Sommer 1913 macht er ihr einen Heiratsantrag, wobei er aber fast nur Gründe aufführt, die gegen die Heirat sprechen. Er werde von seinem Schreiben nicht lassen können, warnt er sie; sie werde deshalb ein einsames Leben an seiner Seite zu führen haben. Wie der Landvermesser klammert er sich an eine Frau, flieht aber vor der Wahrheit des Lebens mit ihr; er flieht zu jener anderen Wahrheit, die das Schloß repräsentiert; es ist dies eine Wahrheit, die sich ihm nur im Schreiben erschließt.

Der Großversuch, eine Frau »nur durch das Schreiben zu binden«, der Versuch also, in der wirklichen Beziehung zu einer Frau etwas ›Schloßartiges‹ zu bewahren, scheitert. Die Frau tritt aus der Sprachwirklichkeit, in die Kafka sie eingeschlossen hat, heraus. In diesem Augenblick aber ist diese Beziehung für ihn nicht mehr lebbar. Kafka rückblickend: »Das Genießen menschlicher Beziehungen ist mir gegeben, ihr Erleben nicht«.

Die Wahrheit des Schreibens

Das »Erleben« der menschlichen Beziehungen hätte bedeutet, sich unter das »Gesetz« des Lebens zu begeben: es fortzupflanzen, den eigenen Körper mit den anderen Körpern vermischen; nicht nur Vater zu werden, sondern auch Vater zu sein, andere Menschen an die Hand zu nehmen und ins Leben einzuführen; eine nützliche Lebensarbeit zu vollbringen, sich dem Kreislauf der kollektiven Lebenserhaltung einzufügen; die Aufrechterhaltung einer Gemeinschaft als den Endpunkt aller Sinnfragen zu akzeptieren; sich im gesellschaftlichen Dschungelkampf zu behaupten, indem man kämpft, Schläge einsteckt, Schläge austeilt, nach Macht strebt; sich von den sozialen Rollen, die man zu spielen hat, gänzlich beherrschen zu lassen. Alles in allem: so zu werden wie der eigene Vater.

Kafkas Schreiben ist ein Zögern davor, in diese entsetzlich robuste Welt ›hineingeboren‹ zu werden. Das Schreiben ist ein Außerhalb-Bleiben. »Merkwürdiger, geheimnisvoller, vielleicht gefährlicher Trost des Schreibens: das Hinausspringen aus der Totschlägerreihe, Tat-Beobachtung« (Tagebuch, 1922).

Das Schreiben als Zuflucht ist identisch mit der Entscheidung für das *Sehen* anstelle des *Seins*.

Von hier aus fällt ein neues Licht auf die Parabel »Vor dem Gesetz«: Vielleicht wollte der Mann vom Lande insgeheim nichts anderes, als vor dem Gesetz auszuharren. »Nötig zum Leben ist nur«, schreibt Kafka, »auf Selbstgenuß zu verzichten; einziehen in das Haus, statt es zu bekränzen ...« Auf diese Art des »Selbstgenusses« mochte Kafka nicht verzichten, den Schriftsteller in sich nennt er eine einzige »Konstruktion der Genußsucht«.

Was aber »genießt« Kafka, wenn er schreibt? Er genießt, was ihm unter den sozialen Zwängen des Lebens zur Qual wird: die eigene Unbestimmtheit, die unendlichen Möglichkeiten des Imaginären, die er entfalten kann, ohne sie durch unwiderrufliche Entscheidungen reduzieren zu müssen; er genießt die eigene Vieldeutigkeit, die ihn sogleich ängstigt, wenn er unter die sozialen Zwänge der Eindeutigkeit gerät. Im Schreiben, diesem »Zögern vor der Geburt«, genießt er jenen Augenblick, in dem er noch nicht unter die Suggestion der lebensdienlichen Fiktionen des Wahren, Guten, Nützlichen geraten ist. Im Schreiben ist alles noch offen, und alles hängt noch von einem selbst ab. Es ist der Augenblick, der vor dem

Sturz in die ideologischen und sozialen ›Wahrheiten‹ liegt, unter deren Schutz sich jedes ›normale‹ Leben früher oder später begeben wird. Es ist der Augenblick, in dem man noch alles *erfinden* kann, weil es nichts objektiv Verbindliches gibt, das man *finden* und dem man sich dann anschließen muß.

Milena gegenüber hat Kafka seine Welt des Schreibens mit den Worten verteidigt: »Hier ist die Welt, die ich besitze, und ich soll hinüber, einer unheimlichen Zauberei zuliebe, einem Hokuspokus, einem Stein der Weisen, einer Alchymie . . . zuliebe. Weg damit, ich fürchte mich schrecklich davor.«

Kafka hat Beziehungen zu anderen Menschen gesucht, insbesondere zu Frauen – aber immer wenn er das Gefühl hat, unwiderruflich »hinüber«gezogen, aus seinem gleichsam vorgeburtlichen Zustand herausgerissen zu werden, dann reißt er sich seinerseits los, unter Schmerzen und mit Schuldgefühlen. Eingetaucht in die Welt der Literatur wird er diese Schmerzen und Schuldgefühle dann hin und her wenden, er wird sich ganz von ihnen durchdringen lassen und er wird unablässig von den Schwierigkeiten träumen, wieder zur Welt zurückzukommen.

Eine einzige »Flucht vor dem Vater« hat Kafka sein Schreiben einmal genannt. Es ist der Rückzug vor jener Welt der lebenstüchtigen ›Normalität‹, die der Vater repräsentiert. Doch die Macht der Väter ist immerhin noch stark genug, um die Exerzitien des Schreibens mit einem Schuldgefühl zu belasten. Wenn er mit den Augen der Väterwelt auf sich selbst blickt, dann muß er zugeben: »Ich habe nicht gelebt, ich habe nur geschrieben.« Hat er sich von dieser Perspektive frei gemacht, dann kann er sagen: »Mein Leben war süßer als das der anderen« (Brief an Max Brod, 5. 7. 1922).

Was Kafka den Freunden und den Geliebten schwer begreiflich machen konnte, und was man bis heute kaum begriffen hat: die Askese des äußeren Lebens war eine Schutzvorrichtung für die Ekstase des Schreibens. Kafka hat Augenblicke eines ganz außerordentlichen Glückes gekannt. Er weiß, was er zu verteidigen hat. Im Büro zum Beispiel foltert ihn die Vorstellung, »daß zu einer dichterischen Arbeit alles in mir bereit ist und eine solche Arbeit eine himmlische Auflösung . . . für mich wäre, während ich hier im Bureau um eines so elenden Aktenstückes willen einen solchen Glückes fähigen Körper um ein Stück seines Fleisches berauben muß«.

Kafka lebte in seiner Familie, im Beruf, in seinem Judentum, im literarischen Betrieb, in seinen Liebesverhältnissen »fremder als ein Fremder«. Aber allen diesen Bereichen entzog er sich doch nicht gänzlich. Er suchte nach einem ›Dazwischen‹: er wollte dort sein und gleichzeitig in seinem »Anderswo«. Deshalb war für ihn die einzig lebbare Rolle die des Zaungastes. Die Büroarbeit, die er verfluchte, hat er freiwillig niemals aufgegeben. Erst die Krankheit zwang ihn dazu. Aus dem Bannkreis der Familie und des Vaters ist er nie herausgetreten. Erst wenige Monate vor seinem Tod ist er aus der elterlichen Wohnung ausgezogen. Er beauftragte mit der Vernichtung seiner Manuskripte einen Menschen, von dem er genau wußte, daß der sich nicht an diesen Auftrag halten würde. Auch dies gehört zu der Strategie, sich in einem ›Dazwischen‹, an der Grenze zwischen dem inwendigen Leben des Schreibens und dem Leben ›draußen‹ niederzulassen. Kafka wollte einsam sein, aber er suchte auch nach *Zeugen* seiner Einsamkeit. Zur ekstatischen Einsamkeit jener Nacht, als er »Das Urteil« schrieb, gehört für ihn auch der Augenblick am Morgen, als das Zimmermädchen den Übernächtigten verwundert anstarrt. In den »Forschungen eines Hundes« heißt es: »(Ich) drängte mich dorthin, wo es am dichtesten war, wollte alle zu Zeugen meiner Arbeit machen, diese Zeugenschaft war mir sogar wichtiger als meine Arbeit.«

Auch Kafkas Liebesversuche folgen dieser Strategie, »Zeugen« zu gewinnen. Was er nicht verhindern kann: Die Zeugen mußten zu Anklägern werden, weil die Zumutungen eines Zaungastes schwer erträglich sind für jemanden, der leben will und nichts als leben.

Milena schrieb nach dem Ende ihrer Liebesgeschichte mit Kafka an Max Brod: »Wäre ich damals mit ihm nach Prag gefahren, so wäre ich ihm die geblieben, die ich ihm war. Aber ich war mit beiden Füßen unendlich fest mit dieser Erde hier zusammengewachsen, ich war nicht imstande, meinen Mann zu verlassen und vielleicht war ich zu sehr Weib, um die Kraft zu haben, mich diesem Leben zu unterwerfen, von dem ich wußte, daß es strengste Askese bedeuten würde auf Lebenszeit. In mir aber ist eine unbezwingbare Sehnsucht . . . nach einem Leben mit einem Kinde, nach einem Leben, das der Erde nahe wäre. Und das hat also wohl in mir . . . gesiegt . . . über die Liebe zum Flug . . .«

Die Wahrheit der Macht

Mit Kafka »fliegen« – das kann man sich nur schwer vorstellen, wenn man an dem tradierten Bild des schmerzensreichen Mannes festhält, wenn man dem Lamento in Kafkas Briefen rückhaltlos glaubt, in denen er sich gern als einen »Toten« darstellt, den man besser nicht »aus dem Grabe zieht«.

Es stimmt schon: Kafka fühlte sich von den Mächten des Lebens in Grund und Boden gestampft; dort unten aber, in den Höhlen seines Schreibens, hat er diesen ›Mächten‹ den Prozeß gemacht mit dem Ergebnis, daß nicht er selbst, wie er in den Briefen schreibt, zu einem Nichts wurde, sondern umgekehrt: die Mächte sich in ein Nichts auflösten. In den Höhlen seines Schreibens setzte Kafka zum Fluge an, dort konnte ihm nichts widerstehen, dort gab es keine Macht, die ihn hätte brechen können. Das hat Milena gespürt, deshalb war ihre Liebe zu Kafka eine »Liebe zum Flug«.

Ein Aphorismus Kafkas lautet: »Mit stärkstem Licht kann man die Welt auflösen. Vor schwachen Augen wird sie fest, vor noch schwächeren bekommt sie Fäuste, vor noch schwächeren wird sie schamlos und zerschmettert den, der sie anzuschauen wagt.«

Man muß unterscheiden: es gibt das »starke Licht« des Kafkaschen Schreibens, das die »Welt« auflöst und ihr alle Macht entzieht, und es gibt jene Hauptfiguren im Werk Kafkas, die »zerschmettert« werden von der ›Macht‹, weil ihnen der entscheidende Zusammenhang entgeht: daß sie selbst es sind, die dieser Macht erst die Macht geben. Nicht weil es eine Macht gibt, sind sie schwach. So mag es ihnen erscheinen. Es verhält sich jedoch genau umgekehrt: nur weil sie sich schwach fühlen, gibt es die Macht.

Der Landvermesser im Schloß-Roman hat seine stärksten Momente am Anfang, als er noch fragt: »Gibt es hier ein Schloß?« Da ist er noch nicht eingeschüchtert, das Schloß hat keine Macht über ihn, weil er keinen Respekt vor ihm hat. Doch da er im Dorf wohnen will, wird er mehr und mehr in die gemeinschaftsbildenden Fiktionen hineingezogen, und in diesen Fiktionen türmt sich das Schloß auf als eine alles durchherrschende Macht, mit der man sich gut stehen muß, wenn man leben will.

Nicht der Landvermesser, sondern sein Autor durchschaut, was mächtig ist an der Macht: das »Schloß« hat nur die Macht, die man ihm gibt. Im »Schloß« findet man keine Wahrheit und keine Rechtfertigung, die man nicht schon selbst ›besitzt‹ und sich selbst geben könnte. Im »Schloß« treten einem die eigenen Kräfte in entfremdeter Gestalt, als fremde Mächte entgegen. Das Schloß spiegelt einem die eigene Wirklichkeit und Wahrheit zurück.

Als der Landvermesser zum erstenmal bei Tageslicht den Schloßturm aus der Ferne betrachtet, kommt ihm der einförmige Rundbau mit den kleinen Fenstern, die im Reflex der Sonne etwas »Irrsinniges« haben, vor »wie wenn ein trübsinniger Hausbewohner, der gerechterweise im entlegensten Zimmer des Hauses sich eingesperrt halten sollen, das Dach durchbrochen und sich erhoben hätte, um sich der Welt zu zeigen«. Der »trübsinnige Hausbewohner« gleicht dem Kafkaschen Selbstportrait in den Briefen frappierend.

Der Landvermesser K. bemerkt nicht, daß eine Rechtfertigung durch das Schloß nie mehr sein kann als eine Selbstrechtfertigung, daß man dort oben im Schloß keine ›Wahrheiten‹ finden wird, die eine unabhängige ›Instanz‹ aufbewahrt und mit der man beschenkt werden könnte. Die ›Wahrheit‹ des Schlosses muß man selbst *erfunden* haben, ehe man sie dort oben *findet*. Das hätte dem Landvermesser schon am Anfang seiner traurigen Karriere auffallen können. In einem Telefonat mit der Schloßbehörde erfindet der Landvermesser einen dritten Gehilfen, als der er sich ausgibt. Der Schloßbeamte protestiert, es seien dem Landvermesser nur zwei Gehilfen zugeteilt worden. Das seien die »neuen Gehilfen«, antwortet K., er aber sei der »alte Gehilfe«. »Nein«, schreit der Beamte am anderen Ende der Leitung. »Wer bin ich also?« fragte der Landvermesser K. »Nach einer Pause sagte die gleiche Stimme . . . und war wie eine andere tiefere, achtungswertere Stimme: ›Du bist der alte Gehilfe.‹«

K. hat eine Figur erfunden – den »alten Gehilfen« –, und wenn er nur nachhaltig genug darauf besteht, diese erfundene Figur zu sein, so beglaubigt und besiegelt das Schloß diese Erfindung.

In dieser Szene hätte der Landvermesser bemerken müssen, daß die Macht des Schlosses etwas mit seiner Selbstmacht zu tun hat. Aber er bemerkt es nicht, und deshalb wird er sich in einem unabsehbaren Spiegellabyrinth verlieren. Dabei war er gar nicht so weit von der Wahrheit entfernt, als sich ihm bei seiner Ankunft im Dorf dort, wo er das Schloß vermuten mußte, nur eine »Leere« zeigte. Der Ort der Macht war leer, weil noch alle Kraft in ihm, dem Landvermesser, steckte. Doch die Leere füllt sich und das Schloß baut sich in seinen monströsen Ausmaßen vor ihm auf in dem Maße, wie K. in den Konsens der Dorfbevölkerung über die Macht des Schlosses hineingezogen wird.

Trotzdem bleibt die Macht des Schlosses eigenartig ungreifbar, chimärisch. Von keiner einzigen Maßnahme ist die Rede, mit der das Schloß irgendeine neue Realität hervorgebracht hätte. Es werden nur Akten angelegt über das, was sowieso geschieht; es wird unaufhörlich registriert, es werden Beschwerden entgegengenommen. Das Schloß ist keine erzeugende Macht, noch nicht einmal eine verbietende Macht, sondern ein riesiger Apparat, der einfach nur festhält, was der Fall ist. Aber offenbar stehen die Dinge im Dorf so, daß sie erst als wirklich gelten, wenn sie vom Schloß beglaubigt und beurkundet werden.

Alle Macht des Schlosses geht von dem aus, der sich ihr unterwirft. Deshalb imaginiert Kafka jene aberwitzige Umkehrszene: die Macht möchte wieder dorthin zurück, woher sie gekommen ist; sie möchte sich wieder in denen auflösen, die sie geschaffen haben, indem sie sich ihr unterwarfen. Gegen Ende des abgebrochenen Romans dringt der Landvermesser zu nächtlicher Stunde im »Herrenhof« ins Allerheiligste ein, ins Zimmer eines Schloßsekretärs. Und während K. mit dem Schlaf kämpft, macht ihm der Schloßbeamte das denkwürdige Geständnis: »Die niemals gesehene, immer erwartete, mit wahrem Durst erwartete und immer vernünftigerweise als unerreichbar angesehene Partei sitzt da. Schon durch ihre stumme Anwesenheit lädt sie ein, in ihr armes Leben einzudringen, sich darin umzutun wie in einem eigenen Besitz und dort unter ihren vergeblichen Forderungen mitzuleiden.«

Wer nach der ›Wahrheit‹ seines Lebens sucht, für den sind offenbar Mächte von der Art des Schlosses die falsche Adresse.

K. erwartet, daß das Schloß ihm durch einen Machtspruch zur Wahrheit seiner Existenz verhilft. Erst die Wahrheit, dann das Leben – das ist die Logik, der er folgt. Er sucht im Schloß nach einer Wahrheit, die ihn frei macht; frei dafür, im Dorf ruhig und eingemeindet seiner Arbeit nachgehen zu können; frei dafür, zu Hause sein zu können. Doch indem das Schloß zurückweicht, als sinngebende Instanz zu einem Nichts wird, muß K. die Erfahrung einer ganz anderen Freiheit machen: »Da schien es K., als habe man nun alle Verbindung mit ihm abgebrochen und als sei er nun freilich freier als jemals und könne hier auf dem ihm sonst verbotenen Ort warten, solange er wolle, und habe sich diese Freiheit erkämpft, wie kaum ein anderer es könnte, und niemand dürfte ihn anrühren oder vertreiben, ja kaum ansprechen; aber – diese Überzeugung war zumindest ebenso stark – als gäbe es gleichzeitig nichts Sinnloseres, nichts Verzweifelteres als diese Freiheit, dieses Warten, diese Unverletzlichkeit.«

Der Landvermesser sucht nach einer Wahrheit, die ihn frei machen soll. Er findet sie nicht und er findet auch nicht heraus, daß schon diese Art des Suchens ein Fehler ist. Denn diese Wahrheit, auf die man sich stützen könnte wie auf etwas, das nicht aus einem selbst hervorgegangen ist, gibt es nicht.

Was er in der Erfahrung der Freiheit, an der er fast zerbricht, lernen könnte und was Kafka ihm, sich selbst und uns als Lektion aufgibt, ist eine neue Konstellation von Freiheit und Wahrheit. Nicht ›die Wahrheit wird uns frei machen‹ gilt, sondern das Umgekehrte: *›Die Freiheit wird uns wahr machen.‹*

Bewundernd hat Kafka über die Griechen des Altertums gesagt: »Sie konnten das entscheidend Göttliche gar nicht weit genug von sich entfernt denken, die ganze Götterwelt war nur ein Mittel, das Entscheidende sich vom irdischen Leib zu halten, Luft zum menschlichen Atem zu haben.«

Die Luft zum Atmen

Noch einmal ein Versuch, die Parabel »Vor dem Gesetz« zu verstehen:

Der Mann vom Lande bittet um Einlaß in das »Gesetz«. Unter »Gesetz« stellen wir uns normalerweise etwas vor, das für eine Vielzahl von Verhältnissen, Personen, Einrichtungen gilt und die Mannigfaltigkeit von Erscheinungen auf ein allen gemeinsames Schema zurückführt. Das Gesetz verwandelt das bloß Individuelle in etwas Allgemeines. Vor dem Gesetz behält das einzelne nur noch eine metaphorische Bedeutung: es ›steht‹ dann für etwas Allgemeines. Wenn da also ein einzelner hergelaufen kommt und will in das »Gesetz« hinein, so hält er es offenbar bei seiner Einzelheit nicht aus. Er sucht nach einer Wahrheit, die ihn in ein Ganzes einfügt. Die eigene Einzelheit hat für ihn keinen Wahrheitswert. Der Mann vom Lande ist Hegelianer, und das wird ihm zum Verhängnis.

Für Hegel war die Einzelheit etwas Nichtiges. Dem Individuum in seiner Einzelheit hat er ein Curriculum verschrieben: Zunächst muß sich die nichtige Einzelheit, in der noch gar kein allgemeiner Begriff steckt, zur Besonderheit emporarbeiten. Die Besonderheit hat schon Allgemeinheit im Leib. Das vergesellschaftete Individuum, das am gesellschaftlichen Arbeitsleben beispielsweise als Landvermesser teilnimmt, hat sich wenigstens von seiner nichtigen Einzelheit zur Besonderheit emporgearbeitet. Denn der individuell tätige Mensch vollzieht an sich selbst die allgemeinen Lebensgesetze der Gesellschaft. Wer aber in das Hegelsche ›Schloß‹, also von der Einzelheit über die Besonderheit zum Allgemeinen vordringen will, der muß entweder Philosoph oder Politiker werden. Beide repräsentieren den »allgemeinen Stand«.

Die Philosophen, so glauben sie wenigstens, denken jenes Allgemeine, das die Welt zuinnerst zusammenhält. Die Politiker – der Hegelsche Staat – halten die Welt zusammen mit Gedanken, von denen sie denken, daß sie die Welt zusammenhalten sollen. Ich stelle mir also vor, der Mann vom Lande sei Hegelianer. Natürlich muß man nicht Hegelianer sein, um Hegelianer zu sein. Es reicht, daß man es bei seiner Einzelheit nicht aushält und etwas Allgemeines, kollektiv Gültiges, Geborgenheit Versprechendes nötig hat. Insofern steht jeder im Verdacht, Hegelianer zu sein.

Ich stelle mir also vor, daß der Mann vom Land aus der Diaspora seiner Existenz flieht. Er will in das Hegelsche Gesetz (es kann auch das jüdische Gesetz sein, das Gesetz der unaufhaltsam fortschreitenden sozialistischen Menschengemeinschaft, das Gesetz der Volksgemeinschaft; es können auch die universellen Gesetze der metaphysischen Sinngebung sein oder die »Naturgesetze«, die mir die – tröstliche? – Gewißheit geben, daß ich aus nichts anderem als »Gesetzen« bestehe).

Der Mann vom Lande sucht also Zuflucht, doch der Türhüter läßt ihn nicht herein: »Hier konnte niemand sonst Einlaß erhalten, denn dieser Eingang war nur für dich bestimmt . . .«

Der Mann vom Lande, auf der Suche nach einem allgemeinen Gesetz, hat die ganze Zeit vor dem falschen Gesetz gesessen: er glaubte, vor dem allgemeinen Gesetz zu sitzen und saß doch vor dem eigenen. Wer aber unter der Suggestion des Allgemeinen steht, wer erlöst werden will, statt sich selbst zu erlösen, der verfehlt den Eingang, der nur für ihn bestimmt ist. Der Türhüter hatte wahr gesprochen, als er dem Manne sagte, daß er ihm den »Eintritt nicht gewähren könne«. Den Eintritt in Eingänge, die nur für einen selbst bestimmt sind, kann man sich nur selbst gewähren oder nicht gewähren.

So verstanden ist die Parabel »Vor dem Gesetz« auch eine Parabel über die Freiheit, über die Schwierigkeit, das ›eigene‹ Gesetz zu finden und sich der Macht jener ›allgemeinen‹ Gesetze zu entziehen, die uns Geborgenheit und ›Wahrheit‹ versprechen. Es ist fast überflüssig, daran zu erinnern, daß solche ›Freiheit‹ auch ängstigend ist; daß sie so ängstigend ist, daß sie uns wie ein »Sturmwind« in die Behausungen der großen, universell erscheinenden Gesetze treibt. Oder umgekehrt: unsere Freiheit macht uns so leicht und luftig, daß wir dem Sog der ›schweren‹ Substanzen des vergesellschafteten Sinns, der gemeinschaftsbildenden Fiktionen über das Gute und Wahre kaum widerstehen können.

Man kann Kafkas Werk als einen einzigen Versuch lesen, diesem Sog zu widerstehen. Gegen diese Mächte, unter deren Obhut wir uns, auf der Flucht vor der eigenen Wahrheit, begeben wollen – gegen diese Mächte eröffnet Kafka in seinem Werk den Prozeß. Er deckt auf: die Anatomie der Macht. Sie existiert nur aufgrund der kollektiven Imagination. Die Macht des Schlosses nährt sich von der Substanz derer, die sich kein Leben vorstellen können ohne Schloß.

Die Macht ist ein Mythos. Diesen Mythos will Kafka wegarbeiten. Das ist seine Arbeit am Mythos. Im entmystifizierten Schloß geht es zu wie bei einem Kindergeburtstag oder auf einer Hühnerfarm oder im Tollhaus. Das Stimmengewirr hat etwas »äußerst Fröhliches«, es klingt »wie der Jubel von Kindern, die sich zu einem Ausflug bereit machen« oder wie der »Aufbruch im Hühnerstall«. Einer der Schloßbeamten ahmt den Ruf eines Hahnes nach. Aus den Zimmern dringt das Geräusch von Sägearbeiten; ein allgemeines Türenschlagen, Nachttöpfe werden auf den Gang gekippt, Aktenwägelchen werden herumgefahren und Aktenstapel wie am Nikolaustag die Stiefel vor die Türen gestellt. Ein Windstoß wirbelt einzelne Zettelchen den Gang entlang. Eines dieser Zettelchen könnte ganz gut die eigene Akte sein – dieser Gedanke durchzuckt den Landvermesser K., der wie immer in entscheidenden Situationen gegen seine Müdigkeit ankämpfen muß. In dem Augenblick, als die Erzählung Kafkas ihr stärkstes Licht verbreitet und das Schloß in diesem Licht wie ein Hühnerstall erscheint, in dem Augenblick, als die Macht der Kafkaschen Erzählung triumphiert, erleben die Protagonisten – der Landvermesser K., der Mann vom Lande, Josef K., Georg Bendemann und wie sie alle heißen – ihre bittersten Niederlagen. Sie verfallen den Mächten, von denen der Erzähler sich befreit.

Tatsächlich: das Erzählen ist für Kafka ein Akt der Befreiung. Mit dem Erzählen wehrt er sich dagegen, von den inneren und äußeren Mächten verschlungen zu werden. Vom Erzählen als Akt der Befreiung handelt Kafkas Version der Don-Quixote-Geschichte. Er nennt sie: »Die Wahrheit über Sancho Pansa«.

»Sancho Pansa, der sich übrigens dessen nie gerühmt hat, gelang es im Laufe der Jahre, durch Beistellung einer Menge Ritter- und Räuberromane in den Abend- und Nachtstunden seinen Teufel, dem er später den Namen Don Quixote gab, derart von sich abzulenken, daß dieser dann haltlos die verrücktesten Taten aufführte, die aber mangels eines vorbestimmten Gegenstandes, der eben Sancho Pansa hätte sein sollen, niemandem schadeten. Sancho Pansa, ein freier Mann, folgte gleichmütig, vielleicht aus einem gewissen Verantwortlichkeitsgefühl, dem Don Quixote auf seinen Zügen und hatte davon eine große und nützliche Unterhaltung bis an sein Ende.«

Auch das eigene Werk kann für den, der es hervorgebracht hat, zur Bedrohung werden. Wir konnten es bemerken am Beispiel Rousseau, Kleist, Nietzsche. Die selbstgemachten Bilder können einem die Freiheit rauben. Auch gegen diese Gefahr – die Gefahr des schrankenlosen Glaubens an das Selbstgemachte – hat Kafka seine Don-Quixote-Version erfunden.

Wahrheiten müssen sich mit Ironie verbinden, um verträglich, das heißt lebenserhaltend bleiben zu können.

Eine freie Variation über die Freiheit

Wonach sucht man, wenn man nach der Wahrheit sucht?

Man will etwas erkennen, was einem hilft, sich in der Wirklichkeit zu orientieren, und freie Bewegung mit einem Minimum an Gefahr ermöglicht. Wer nach der Wahrheit fragt, will sich mit einem schwierigen Lebensgelände vertraut machen. Die Wahrheitssuche ist durchaus darauf gefaßt, auf Abgründe zu stoßen. Wenn man die Abgründe kennt, ist die Gefahr, in sie hineinzustürzen, geringer. Die Wahrheitssuche ist ihrem ›Wesen‹ nach eine vertrauensbildende Maßnahme: die Wiederherstellung einer wenn auch behelfsmäßigen Geborgenheit. Sie muß nicht von der geheimen Prämisse einer prästabilisierten Harmonie ausgehen – was sie in der Geschichte häufig getan hat –, aber ein gewisses Maß an Übereinstimmung mit sich und seiner Welt wird jeder, der nach Wahrheit sucht, erklärtermaßen oder insgeheim zum Ziel haben. Die Erwartungen, die sich an die Wahrheit knüpfen, lassen sich auf die Formel bringen: Erst die Wahrheit wird uns frei machen.

Die Wahrheiten, nach denen wir suchen, gelten gemeinhin als etwas Wirkliches, das schon besteht und gewissermaßen darauf wartet, von uns *gefunden* zu werden. Die Wahrheiten der empirischen Naturwissenschaften sind die möglichst exakt beobachteten Gesetzmäßigkeiten von Naturprozessen. Die Naturwissenschaftler selbst vermeiden den Terminus »Wahrheit«, das ändert aber nichts daran, daß ihre Entdeckungen gesellschaftlich als ›objektiv‹, als Wahrheiten gelten, und daß sie selbst das Wahrheitsprestige für ihre Arbeit zumeist unbekümmert einstreichen. Gerade die Naturwissenschaften betreiben einen großen methodisch-technischen Aufwand, um aus den Beobachtungen die Wirkungen des Beobachtens herausfiltern zu können: Es geht um ein möglichst reines, d. h. von der Subjektivität des Beobachters gereinigtes Bild der

Wirklichkeit. Der Wissenschaftler fragt und die ›Dinge‹ sollen antworten. Es kommt auf den ›Beifall der Dinge‹ an. Wahrheiten sollen gefunden und nicht erfunden werden.

Auf solche Wahrheiten, die man finden kann und die unabhängig von dem existieren, der nach ihnen sucht, zielen auch die Humanwissenschaften: man sucht nach den Gesetzmäßigkeiten der Gesellschaft, des menschlichen Trieblebens, der Geschichte, des Kulturwandels, der Sitten. Man sucht nach dem Sinn und der Bedeutung einzelner Kulturerzeugnisse, als ob Sinn und Bedeutung unabhängig von dem, der nach ihnen sucht, in diesen Erzeugnissen ›liegt‹.

Dieses Verhältnis zur Wahrheit existiert auch außerhalb der Wissenschaften: Wahrheit sei eine Eigenschaft der Wirklichkeit, die von uns herausgefunden werden müsse. Solche Wahrheiten geben Sicherheit, auch wenn die Spezialisten sie gefunden haben und nicht man selbst. Schon allein deshalb ist die Beziehung zur Wahrheit meist die des *Glaubens an die Wahrheit*. Wir glauben an die Wahrheitsfindungen der Spezialisten.

Nun ist es unter den reflektierten Wissenschaftlern schon fast eine Trivialität: *Wahrheit ist keine Eigenschaft der Wirklichkeit, sondern eine Eigenschaft des Verhältnisses, das ich zu ihr einnehme.* Die Wirklichkeit ist weder ›wahr‹ noch ›falsch‹. sie ist eben wirklich. Nur Interpretationen der Wirklichkeit können ›wahr‹ oder ›falsch‹ genannt werden. Man nennt sie ›wahr‹, wenn sie auf die Wirklichkeit zu ›passen‹ scheinen, in dem Sinne etwa, daß Vorhersagen eintreffen, daß Hypothesen den ›Beifall der Dinge‹ bekommen, daß ein bestimmtes Verhaltenskalkül zu dem geplanten Ergebnis führt, etcetera. Doch diese Reflexion richtet zumeist wenig aus gegen die intuitive Überzeugung, wonach die Wahrheit in den Dingen selbst steckt und wir sie dort auffinden und für unseren Gebrauch herauslösen können.

Wenn es nur die ›Dinge‹ wären – aber wir suchen in diesem Sinne auch nach unserer eigenen Wahrheit: nach der ›wahren‹ Natur unseres Selbst. Wir suchen danach so, als ob diese

›Wahrheit‹ verborgen in uns steckte, als ob sie darauf warte, von uns gefunden und ergriffen zu werden. Wir wenden uns an alle möglichen Instanzen, von denen wir uns belehren lassen, was unsere ›wahre‹ Natur sei, woran wir uns halten sollen, um sie zu verwirklichen. Auch und gerade hier gilt das Versprechen: Die Wahrheit wird uns frei machen.

Beispielsweise will uns die Psychoanalyse zu solcher Wahrheit verhelfen: Wir sollen unter der Geschichte, die wir für unser Leben halten, mit ihrer Hilfe unsere ›eigentliche‹ Geschichte aufdecken, eine Geschichte von Verwundungen und Traumata, von frustriertem Begehren und wunderlichen Sublimierungen. Das alles sollen wir *finden.* Und wir können es nur finden, wenn wir den Verdacht fernhalten, daß wir es vielleicht nur, mit Hilfe der Analyse, *erfunden* haben.

Auf dem Gebiet des Selbstbezugs nimmt das Verwirrspiel zwischen *Finden* und *Erfinden* von Wahrheiten bekanntlich dramatische, auch tragische Formen an. Offenbar können wir der Wahrheit, nach der wir suchen, nur Autorität zubilligen, wenn wir nicht den Verdacht hegen müssen, daß wir sie uns lediglich zurechtgelegt, gemacht, erfunden haben. Wir befürchten, in die Bodenlosigkeit subjektiver Einbildung zu versinken, auf uns selbst zurückgeworfen, ohne verläßliche Orientierung, ohne Halt in einer substantiellen Wahrheit.

Es ist die *Angst vor der Freiheit,* die an eine von einem selbst unabhängige Wahrheit glauben läßt. Man will mit seiner Wahrheit nicht alleine bleiben, und man will den Verdacht loswerden, daß man sie vielleicht nur erfunden hat.

Natürlich will jedermann »frei« sein. Frei von Zwängen, die den Wünschen Grenzen setzen, den Bewegungsdrang hemmen, die Entscheidungsmöglichkeiten einschränken; jedermann will frei sein von den nicht selbstgewählten Reglementierungen des Lebens.

Aber Freiheit macht auch einsam. In der Freiheit erfährt man sich als eine selbständige, selbstverantwortliche, von den anderen getrennte Größe. Das kann ein Gefühl der Ohnmacht und der Angst erzeugen. Freiheit löst aus selbstverständlichen, Geborgenheit gewährenden Bindungen und belastet einen mit der Aufgabe, solche Bindungen selbsttätig herzustellen. Freiheit unterhöhlt die Autorität vorgegebener Wahrheiten und zwingt einen, sich selbst Wahrheiten zu geben oder wenigstens zu wählen, nach denen man sein Leben einrichten will. Das alles heißt: Selbstbestimmung. Die Angst vor der Freiheit ist die Angst vor der Einsamkeit der freien, riskanten Selbstbestimmung und Selbstverantwortlichkeit. Die Angst vor der Freiheit ist Protest gegen die Zumutung, ein Ich sein zu sollen. Die Angst vor der Freiheit ist Protest gegen die Zumutung, das zufällige, vereinzelte Ich sein zu sollen, als welches man sich vorfindet. Angst vor der Freiheit ist Angst vor der eigenen Kontingenz, der Nicht-Notwendigkeit.

Es war die Angst vor der Freiheit, die ein reiches Repertoire an Denkformen hervorgebracht hat, die den Abgrund der Freiheit verdecken sollten.

Die antike Metaphysik ebenso wie die modernen Wissenschaften konstruieren gedanklich ein *notwendiges Sein*, in dem die Freiheit eigentlich keinen Platz hat: sie ist, wie in der antiken Metaphysik, ein vermindertes Sein, das noch nicht in das große Sein der Ordnung zurückgefunden hat; oder sie ist, wie in der modernen Wissenschaft, ein Epiphänomen des Bewußtseins, eine Illusion. Gerade in der Moderne, in der das Freiheitsverlangen so mächtig geworden ist, betreibt das herrschende Denken hintenherum eine Freiheitsberaubung im großen Stil. Das Bewußtsein, das Freiheit will, scheint so genau wie nie zuvor darüber Bescheid zu wissen, von welchen gesellschaftlichen, natürlichen, psychologischen Ursachen das vermeintlich freie, spontane Handeln bestimmt wird. Unter wissenschaftlicher Perspektive sind wir nichts anderes als soziale Rollen, ökonomische Charaktermasken, die statistischen Kalkülen, Triebprozessen und biologischen Verhaltensschemata unterworfen sind. Solche Wahrnehmungen aber bleiben keine Spezialität der Wissenschaften, sondern dringen ins Alltagsbewußtsein vor, mit dem Ergebnis, daß man Verantwortung für sein Handeln von sich selbst abwälzen kann: die Gesellschaft, meine frühe Kindheit, meine Natur etcetera sind schuld. Nicht ich.

Offenbar aber übersteigt das Freiheitsverlangen den Mut und die Fähigkeit, Verantwortung für seine Freiheit zu übernehmen. Man will die Freiheit, alles mögliche zu tun, freie Bahn für die Bedürfnisbefriedigung, aber wenn es schlecht läuft, wenn es gilt, Folgelasten zu tragen, dann hat die diskursive Freiheitsberaubung ihre große Stunde: Man kann erklären, daß es so hat kommen müssen, und ist die Verantwortung los. Man kann das nachträgliche Erklären-Können sogar schon an den Beginn einer Handlung setzen im Sinne einer präventiven Absolution für den schlechten Fall. Man antizipiert ihn und bereitet sich schon darauf vor, ›es nicht gewesen zu sein‹.

Es sind Manöver, mit denen man die Freiheit des Handelns vor sich selbst verdeckt. Nicht minder erfindungsreich war man darin, die Freiheit bei der Wahrheitsfindung und -erfindung vor sich selbst zu verbergen.

Platon war so frei, einem kollektiven Mythos die eigene Anstrengung des Denkens entgegenzusetzen. Er war so frei, mit seiner Kraft des Denkens einen Himmel der Ideen hervorzubringen. Aber er konnte seine Wahrheiten nicht erfinden, ohne an ihre absolute Substantialität zu glauben. Die Ideen mußten den Makel ihrer freien Hervorbringung abstreifen und zu selbständigen, universell gültigen Wesenheiten werden. Sie durften sich nicht herablassen zur relativierenden Konkurrenz mit den anderen philosophischen Entwürfen. Platon scheut die relativierende Nähe zu anderen Wahrheiten, deshalb sein erbitterter Haß gegen die »marktschreierischen« Sophisten. Deshalb auch gehen seine gesellschaftsutopischen Phantasien dahin, das Philosophieren (wie auch das Dichten) zu verbieten, damit die eine Philosophie, seine Philosophie, als die Verwirklichung einer gefundenen und nicht erfundenen Wahrheit unangefochten bestehen kann.

Ein letztes Mal Philosophie, und dann soll die Philosophie in der Gestalt ihrer Verwirklichung verschwinden – das ist Platons Logik. Es ist eine Logik, die wir allzu häufig in revolutionären Prozessen entdecken können: die Gründungstat der Freiheit schafft eine Ordnung, die dann sogleich die nachfolgenden Freiheitstaten zu ersticken versucht.

Die Angst vor der Freiheit setzt eine intime Vertrautheit mit ihr voraus. Offenbar muß man sich einmal die Freiheit genommen haben, um dann Angst vor ihr haben zu können.

Ein anderes Beispiel: Die Neuzeit entdeckte, daß man so frei gewesen war, Gott zu erfinden. Aber ohne eine universelle, absolute Wahrheit, die vor dem Erfindungsreichtum der eigenen Freiheit schützte, wollte man dennoch nicht auskommen. Die einen entwarfen die unverrückbaren Ideen über die wahre Menschennatur, die anderen konstruierten eherne Gesetze der Geschichte, wieder andere flüchteten sich in Bilder einer materialistisch restlos determinierten Natur. Auch dies ein Kapitel aus der Geschichte der Angst vor der Freiheit.

Angst vor der Freiheit war es auch, die in den modernen pluralistischen Massengesellschaften die Anfälligkeit für die totalitäre Versuchung steigerte. Gerade die Pluralität konkurrierender Wahrheiten, die sich wechselseitig relativieren mußten, wirkte offenbar beängstigend. Deshalb kam es zu fundamentalistischen Zusammenrottungen um die jeweils eine Wahrheit, und deshalb wurde das europäische 20. Jahrhundert zum Zeitalter der Ideologien, des Totalitarismus, des Nationalismus und des Fundamentalismus.

Wenn man sich eingesteht, daß bei jeder Wahrheitsfindung und – damit zusammenhängend – bei jeder Wertentscheidung Freiheit im Spiel ist, wird man in sich selbst eine wahrheitsbildende Kraft entdecken. Die Entdeckung der Freiheit eröffnet die beunruhigende Perspektive auf einen Wahrheitsrelativismus. Auf absolute Wahrheiten wird man sich dann nicht mehr berufen können. Es gilt dann nicht mehr: »die Wahrheit wird uns frei machen«, sondern: »die Freiheit wird uns wahr machen«.

In der Erfahrung der Freiheit verschwindet die universalistische Selbstmystifikation. Die Erfahrung der Freiheit macht frei für das wirkliche Mysterium: für das Individuum, das stets mehr und noch etwas anderes ist als jede mit dem Anspruch auf Allgemeinheit vertretene Wahrheit. Karl Popper schreibt: »Denn es ist das besondere, das einzigartige und konkrete Individuum, das sich mit rationalen Methoden nicht erfassen läßt ... Es ist die Einzigartigkeit unserer Erfahrung, die ... unser Leben lebenswert macht, die einzigartige Erfahrung einer Landschaft, eines Sonnenuntergangs, des Ausdrucks eines menschlichen Gesichts. Aber seit den Tagen Platons ist es für jede Art von Mystizismus charakteristisch gewesen, daß er dieses Gefühl der Irrationalität des einzigartigen Individuums und unserer einzigartigen Beziehungen zu Individuen auf ein anderes Gebiet überträgt.«

Das andere Gebiet sind: die abstrakten Allgemeinbegriffe, die Volksseele, das Klassenbewußtsein, der objektive Geist, das Gesetz der Geschichte – alle diese großen Wahrheitsbilder, in denen man, auf der Flucht vor der eigenen Freiheit, gerne verschwinden möchte.

Es gehört zu diesem Mysterium des Individuellen, den Freiheitsspielraum für die eigene Selbstgestaltung nutzen zu wollen. Bei der Selbstgestaltung läßt man sich von Wahrheiten leiten, die man allein schon dadurch erfunden hat, daß man sie gewählt hat als Wahrheiten, denen man erlaubt, an der Gestaltung des eigenen Lebens mitzuwirken.

Aber man kann die Selbstgestaltung, die immer zugleich auch Selbsterfindung ist, auch so betreiben, daß die Freiheit dabei verlorengeht. Man kann die Freiheit gegenüber den eigenen Gestaltungen und Erfindungen verlieren. Die »Luft zum Atmen«, von der Kafka spricht, braucht man auch gegenüber dem eigenen Werk, den eigenen Ideen und Überzeugungen, den eigenen Einbildungen, der eigenen Vergangenheit, dem eigenen Handeln, die »Luft zum Atmen« braucht man auch, um nicht zum Gefangenen der eigenen Selbstbilder zu werden.

Es ist die Freiheit, die die Bilder schafft, und es ist dieselbe Freiheit, die uns aus den selbstgemachten Bildern wieder befreien kann.

Freiheit schützt vor den Lebensverwüstungen eines falschen *Konsequenzgebots.* Das Denken solle im Handeln aufgehen, fordern die Konsequenzler, »konsequent sein und nach der erkannten Wahrheit leben«. Die Forderung will das Leben zu einer homogenen Einheit machen. Das Leben aus einem Guß. Nun ist das Denken selbst schon ein Handeln, ein Gestalten, ein Hervorbringen. Es ist schon Teil der von mir geschaffenen Wirklichkeit. Es ist nicht erst dann ›wirklich‹, wenn ich es im üblichen Sinne des Wortes ›verwirkliche‹. Es gibt Wahrheiten des Denkens, die in diesem Sinne besser nicht verwirklicht werden. Nietzsches »Wahrheiten« der späten Phase gehören dazu. Das in diesem Sinne nicht verwirklichte Denken ist vergleichbar dem Malen eines Bildes, in dem ich mich zwar ausdrücken, in dem ich aber nicht verschwinden will.

Das Konsequenzgebot, das das Denkbare und das Lebbare in eine widerspruchsfreie Einheit überführen will, kann zur Verarmung oder zur Verwüstung des Lebens führen. Das Leben *verarmt,* wenn man unterm Konsequenzgebot nur das zu denken wagt, was man auch glaubt leben zu können. Und da das Leben immer ein mitmenschliches Leben ist und deshalb auf Kompromiß und Konsens angewiesen bleibt, wird man alle Kompromisse, alle Übereinkünfte, die man im Sozialen eingeht, auch schon seinem Denken auferlegen. So kommt es zur paradoxen Situation: Keiner ist er selbst, jeder ist wie der andere. Das Leben wird *verwüstet,* wenn man unterm Konsequenzgebot um jeden Preis, auch um den der Zerstörung, etwas leben will, bloß weil man es gedacht hat.

Das eine Mal verarmt das Leben, weil ihm das Denkbare fehlt; das andere Mal zerbricht das Leben unter der Gewalt des Denkbaren.

Lebenskunst wäre, zwischen dem Denkbaren und Lebbaren eine Trennung aufrechterhalten zu können, damit das Denken und das Handeln jeweils zu ihrem Recht kommen, und das heißt: das ihnen mögliche Maß an Lebendigkeit entfalten können. Spinoza sagt: »Nur wenn ich nicht alles tun darf, kann ich alles denken.«

Gesetzt also, daß das radikale Denken vor den Handlungskompromissen und die Handlungskompromisse vor dem radikalen Denken geschützt werden müssen, so ist tatsächlich Verzicht zu leisten auf: Konsequenz.

In dem Gedicht »Verließ das Haus« fragt Gottfried Benn: »wie weit darfst du dein Ich betreiben,/ Absonderliches als verbindlich sehn?« Fast eine Antwort auf diese Frage geben die beiden letzten Zeilen des Gedichts: »die Stimmen krächzen und die Worte höhnen –/ verließ das Haus und schloß die Reverie.«

Da weigert sich jemand, in seinem Haus zu bleiben, das er angefüllt hat mit seinen Reverien, den Träumereien. Er verläßt es, er wird wieder zurückkehren, aber alles zu seiner Zeit. Er läßt sich vom »Absonderlichen« umtreiben, aber begibt sich nicht in seine Gefangenschaft. Er kehrt zurück ins Freie.

Er entschließt sich dazu, in zwei Welten zu leben. In der autobiographischen Skizze »Doppelleben« schreibt Benn: »Das, was lebt, ist etwas anderes als das, was denkt, dies ist eine fundamentale Tatsache unserer Existenz und wir müssen uns mit ihr abfinden.«

Nur einmal, in einem verhängsvollen Augenblick seines Lebens, hat Benn sich mit dieser Tatsache nicht abgefunden. Das war, als er für kurze Zeit die Verwirklichung seiner zivilisationsmüden Träumereien über archaisches Menschentum gefunden zu haben glaubte – in der nationalsozialistischen Revolution. Im Frühjahr 1933 gibt es für ihn die Trennung zwischen dem Denkbaren und dem Lebbaren nicht. Wovon seine Gedichte träumen – die Rückkehr ins Uralte, ins Archaische – das sieht er die politische Bühne betreten. Da gab es etwas, das ihn herauslockte aus den einsamen Selbstgestaltungen seiner Gedichte (»Ich lasse mich zerfallen,/ ich bleibe dem Ende nah/ dann steht zwischen Trümmern und Ballen/ eine tiefe Stunde da«), was ihm eine »tiefe Stunde« dort draußen in der politischen Szenerie zu versprechen schien. An Klaus Mann schreibt Benn im Sommer 1933: »Es gibt Augenblicke, wo dies ganze gequälte Leben versinkt, und nichts ist da als die Ebene, die Weite, Jahreszeiten, Erde, einfache Worte –: Volk. So kommt es, daß ich mich denen zur Verfügung stelle . . .«

Wie Gottfried Benn ist es auch Martin Heidegger ergangen. Auch bei ihm hat die braune Revolution die Differenz zwischen dem Denkbaren und dem Lebbaren für eine gewisse Zeit ausgelöscht.

Heidegger wollte die Seinsvergessenheit im Denken überwinden. Aber als die Nationalsozialisten an die Macht kamen, glaubte er, das »Sein« sei nun wirklich angekommen. Und der Philosoph entschloß sich, den Apostel dieser Ankunft zu spielen. Die gedanklichen Selbsterfindungen eines Philosophen schlagen um in Selbstinszenierung vor der Kulisse der Macht. Ein beklemmendes Schauspiel: wie immer wird die Wahrheit bedrohlich, wenn sie nach der Macht greift.

Es gibt also Gründe genug, an der Trennung zwischen dem Denkbaren und dem Lebbaren festzuhalten. Aber es ist das Denken, das zu dieser Lebenskunst der Entmischung befähigt. Ein Denken, das das Denken vor den Versuchungen der Machtergreifung schützt.

Dieses Denken kommt aus der Erfahrung der Freiheit. Sie kann uns darüber belehren, daß wir zwar Wahrheiten brauchen, aber auch das richtige Verhältnis zu diesen Wahrheiten finden müssen. Wir benötigen Souveränität, die zur Ironie und Selbstdistanz befähigt. Wenn schon im Selbstverhältnis die Gefahr lauert, zum Opfer seiner eigenen Wahrheiten zu werden, um wieviel größer muß dann die Gefahr für Leib und Leben der anderen werden, wenn man mit diesen Wahrheiten hinaustritt ins soziale Leben – ohne diese Selbstdistanz und Ironie.

Meistens werden diese Gefahren deshalb nicht gesehen, weil man ja mit seinen Wahrheiten das Beste will, für die anderen, für die Gesellschaft. Wer seine Wahrheit gesellschaftlich verwirklichen will, gehört in der Regel zur Kategorie jener Leute, die es ›gut‹ mit uns meinen, denen nicht nur das eigene Leben, sondern denen das Leben eines Volkes, einer Klasse oder der ganzen Menschheit am Herzen liegt. Unter diesen Voraussetzungen war im 19. Jahrhundert die sozialistische Bewegung angetreten. Ihr Selbstbewußtsein bezog sie aus der Gewißheit, zwei grundlegende Wahrheiten zu kennen: die Wahrheit der Entfremdung und die Wahrheit der Erlösung.

Die Menschen haben bisher in ihrer Geschichte, so lehrte die sozialistische Doktrin, wenig Talent bewiesen, die gesellschaftlichen Einrichtungen, die Ökonomie, die Kultur der menschlichen Natur entsprechend zu organisieren. Die ganze bisherige Geschichte erscheint aus dieser Perspektive als eine Geschichte der Selbstentfremdung, was sich manifestiert in ökonomischer Ausbeutung, psychischer Verelendung, Kriegen, Zerstörung natürlicher und selbstgeschaffener Ressourcen.

Gegen die Wahrheit der Entfremdung setzte die sozialistische Bewegung die Wahrheit der Erlösung. Sie kam nicht als spirituelle Botschaft daher, sondern als sachliche, pragmatische Handlungsanweisung: nach neuen Prinzipien sollte das gesellschaftliche und ökonomische Leben umgebaut werden.

Diese Aufhebung der Entfremdung sollte natürlich nicht nur eine Verbesserung der äußeren Lebensumstände, sondern auch ein neues Bewußtsein zur Folge haben. Da aber, wie es heißt, das Sein das Bewußtsein bestimmt, und da dieses Sein ökonomisch und gesellschaftlich verstanden wurde, mußte dieses so verstandene Sein umgebaut werden, damit, in der Folge davon, sich auch das Bewußtsein ändern konnte. Der Umbau der Gesellschaft aber setzt das Vorhandensein dieses neuen Bewußtseins bereits voraus – bei einer Elite, die sich im

Besitz dieser beiden grundlegenden Wahrheiten wähnt. Diese Elite tritt dann auf als Repräsentant des Gattungsinteresses; die vielen anderen in der Gesellschaft konkurrierenden Interessen werden vor diesem Gattungsinteresse herabgestuft: sie können niemals denselben Wahrheitswert beanspruchen, sie sind selbst Ausdruck der Entfremdung, die ja vom Standpunkt des Gattungsinteresses überwunden werden muß. Wer die Wahrheit des Gattungsinteresses zu vertreten glaubt, der hat sich aus der gleichberechtigten Konkurrenz der vielen Interessen und Wahrheiten hinausdefiniert: er steht darüber. Da aber der avantgardistische Repräsentant der Gattungswahrheit sich nicht mit dem Programm der Selbstvervollkommnung begnügt, sondern die ganze Gesellschaft in ihr Heil führen will, darf sein ›Darüberstehen‹ nicht eine bloße Selbsteinschätzung bleiben, sondern es muß von den anderen anerkannt werden. In der Regel geschieht das nicht freiwillig, und deshalb bleibt dem Besitzer der Gattungswahrheit nichts anderes übrig, als Macht und Gewalt zu gebrauchen – zum Besten der Gesellschaft, zum Besten der Menschheit, versteht sich.

Es war stets gut gemeint, wenn die Menschheit mit den großen Wahrheiten kuriert werden sollte. Das gut gemeinte Projekt des real existierenden Sozialismus ist jetzt dabei zusammenzustürzen, aber man kann nicht sagen, daß damit die Suche nach der großen Wahrheit, nach der einen Wahrheit, die uns rettet, aufgehört hätte.

Im Gegenteil: der Problemdruck der gegenwärtigen Geschichte verbunden mit dem Gefühl, wenig Zeit mehr zu haben für langwierige Interessenausgleichsmanöver, sind ein günstiger Nährboden für neue fundamentalistische Gattungswahrheiten, die dann wieder mit gutgemeinter Unduldsamkeit – Wir haben keine Zeit mehr! – auch mit dem Willen zur Machtergreifung – wir können nicht mehr auf den Bewußtseinswandel warten! – vertreten werden.

Fundamentalistische Gattungswahrheiten wollen uns davon überzeugen, daß wir unser Leben auf einem falschen Fundament errichtet haben und notwendig einer Katastrophe entgegentreiben, wenn es uns nicht gelingt, das Leben auf ein neues Fundament zu stellen. Die fundamentalistische Gattungswahrheit, die heute aktuell ist, lautet: Wir orientieren unser Leben auf das ›Haben‹ statt auf das ›Sein‹, wir wollen immer mehr haben, wir wollen es schneller haben, wir wollen von allem haben und wir wollen vor allem haben. Der Ausdruck dieses Haben-Wollens ist der Konsumismus der Industriegesellschaften. Mehr noch als die Not macht der Wille zum Mehr-Haben erfinderisch. Eine monströse Produktivität zerstört den Planeten. Die Geschichte der modernen Industriegesellschaft erscheint aus dieser Perspektive als Irrweg, als verfehltes Menschheitsprojekt; verfehlt, weil auf falschem Fundament gebaut; verfehlt, weil ohne Wahrheit. Die Wahrheit aber ist, so lehrt dieser Fundamentalismus, das Sein und nicht das Haben.

Das schreckenerregende Szenario, das der neuere Gattungsrettungsfundamentalismus entwirft, ist wahrscheinlich ziemlich realistisch. Aber gespenstisch und gefährlich ist jene Wahrheitspolitik, die daraus abgeleitet wird: die Entdeckung des wahren Seins und die Befreiung vom Drange des Habenwollens als öffentlich-gesellschaftspolitisches Großprojekt.

Der neuere Fundamentalismus sagt: der Mensch flieht vor sich selbst, wenn er nach den Dingen, die er haben will, greift. Doch was hat es auf sich mit diesem Sein *des* Menschen? Der Fundamentalist scheint darüber Bescheid zu wissen, allerdings nur, wenn er die Menschheit nicht im Plural, sondern im Gattungssingular nimmt. Doch da es nicht *den* Menschen, sondern nur *die* Menschen gibt, muß sich auch jenes Sein, zu dem er zurückkehren soll, in eine unübersehbare Pluralität von Seinsarten zersplittern: jedem sein Sein.

Die Probleme, die in Zukunft im Interesse des Überlebens der Menschheit gelöst werden müssen, sind universell. Das muß man zugeben. Ist aber darum die Wahrheit, in die der Fundamentalist die Menschen zurückschicken will, auch eine universelle? Wohl kaum. Der Mensch ist frei, frei für die Erfindung seiner Wahrheit. Und darum gibt es die unendlich vielen Wahrheiten.

Sie sind um so konkreter, je individueller sie sind, je inniger sie sich mit den Lebensentwürfen und den Geschichten des einzelnen verbinden. Je individueller aber die Wahrheiten sind, desto gewaltsamer – gegen andere – muß jeder Versuch sein, sie zu vergesellschaften und zu politisieren.

Die Wahrheiten können ja schon gewaltsam sein, wenn der einzelne sie für sich zu totalisieren versucht, wenn er mit ihrer Hilfe ein Leben aus einem Guß führen will. Schon der einzelne macht für sich die Erfahrung, daß erhebliche Anteile seines Lebens sozusagen wahrheitsresistent sind und vor der Zumutung der Selbsttransparenz geschützt werden müssen. Um wieviel mehr muß dann die Gefahr der Gewaltsamkeit zunehmen beim Versuch der politisierenden Vergesellschaftung dieser Wahrheiten! Die Vergesellschaftung von Wahrheit bedeutet: man beansprucht ihre universelle Gültigkeit. Wenn man Gewaltsamkeiten bei der Vergesellschaftung von Wahrheiten vermeiden will, so darf man gerade nicht die individualisierten, also sehr konkreten Wahrheiten universalisieren wollen: die Selbstentwürfe, Selbsterfindungen, Selbstgestaltungen der Dichter und Philosophen eignen sich wegen ihres hohen Grades an Individuiertheit kaum für eine solche Vergesellschaftung, auch wenn sie von ihnen selbst ausprobiert worden sein sollte, wie die Beispiele Rousseau, Kleist, Nietzsche, Benn oder Heidegger belegen.

Wie gefährlich es ist, mit den Wahrheitserfindungen der Dichter und Philosophen Politik machen zu wollen, kann man aus der Geschichte, insbesondere der deutschen, lernen: Wahrheiten aus dem Geiste des Platonismus, der Metaphysik, der Romantik, aus dem Geiste Hegels, Nietzsches oder Spenglers haben in der Politik großen Schaden angerichtet. Politisch brauchbar dagegen sind Ideen, die sich, um es philosophisch auszudrücken, auf das Transzendentale des Zusammenlebens beschränken, d. h. sich lediglich auf die *Bedingung der Möglichkeit* eines friedlichen und freien Zusammenlebens beziehen. Das sind Universalien, die eben nicht individuell sind, sondern von allen konkreten Wahrheiten, die sich der einzelne für seine Selbstgestaltung erwählt oder erfindet, abstrahieren und lediglich die äußeren Bedingungen der Freiheit und den wechselseitigen Schutz vor den gewaltsamen Übergriffen der ›Wahrheiten‹ der anderen garantieren.

Was wir brauchen, ist eine wahrheitspolitisch abgemagerte Politik; eine Politik ohne Sinnstiftungsambitionen; keine Politik mit Seele, die dann vielleicht nach den Seelen der Bürger greift; wir brauchen eine Politik, die es den einzelnen erlaubt, nach ihren Wahrheiten zu suchen; eine Politik ohne geschichtsphilosophisches Pathos und weltanschauliches Tremolo. Eine Politik, die vielleicht gerade wegen dieser lebensdienlichen Enthaltsamkeit ein wenig langweilig, vielleicht sogar unansehnlich ist: ebenso unansehnlich und gewöhnlich wie unsere gewöhnlichen, alltäglichen, kleinkarierten, egoistischen Interessen, um deren vernünftigen Ausgleich untereinander und mit den natürlichen Lebensgrundlagen sich die Politik zu bemühen hat.

»Jeder bilde in sich die Menschheit«, sagte Schiller. Er hat recht: die großen Wahrheiten müssen privatisiert werden. Politik ist das Geschäft der Friedensstiftung im Felde der kombattanten Wahrheiten; eine Friedensstiftung, die keine übergreifende Wahrheit ins Feld führen kann, außer derjenigen, die sich auf die Gewährleistung menschenwürdiger Lebensbedingungen bezieht. Ihr wichtigster Beitrag dabei ist: auf die Einhaltung der Spielregeln zu achten, die jedem erlauben, seine Lebenswahrheit zu finden und zu erfinden. Die elementare Wahrheit der Politik sollte die Wahrheit dieser Spielregeln sein.

Man sollte so frei sein, gleichzeitig in zwei Welten leben und zwei voneinander getrennte Wahrheitsregionen gelten lassen zu können.

Die eine Wahrheitsregion, ich nenne sie der Einfachheit halber die kulturelle – sie hat es mit Selbsterfindung, Selbstgestaltung und damit verbunden mit Weltdeutungen und Weltentwürfen zu tun, kurz: mit dem höchst individuellen und existentiellen Akt der Sinngebung des Sinnlosen – diese Wahrheitsregion ist phantastisch, erfindungsreich, metaphysisch, imaginär, selbstversucherisch, überschwenglich, abgründig – wie auch immer. Sie ist nicht konsenspflichtig, sie braucht nicht gemeinschaftsdienlich, ja noch nicht einmal lebensdienlich zu sein. Sie kann in den Tod verliebt sein. Alles geht. Allerdings: wenn man nicht Opfer seiner eigenen Erfindungen werden will, sollten Ironie und Selbstdistanz, also Freiheit, mit im Spiel bleiben.

Die andere Wahrheitsregion, worin die Erfahrung der unaufhebbaren Andersheit des Anderen und der Respekt vor seiner Freiheit aufgenommen ist und die man deshalb die politische Wahrheitsregion nennen kann – diese Wahrheitsregion ist deshalb konsenspflichtig, deshalb vernünftig, sachlich, prosaisch, pragmatisch, gemeinschaftsdienlich, lebensdienlich.

Die kulturelle Wahrheitsregion kann bis ins Transzendente reichen, die politische muß auf jeden Fall transzendental bleiben.

Es kann sein, daß die Kultur das intensitätssteigernde Leiden, die Tragik sucht; die Politik aber muß vom Prinzip der Verhinderung oder Linderung von Schmerzen ausgehen. In der Kultur ist oft sogar die Lust an der Gewalt im Spiel; in der Politik aber muß Gewalt verhindert werden; die Kultur sucht nicht nach Frieden, sondern nach Leidenschaft; die Politik aber muß auf den Frieden verpflichtet werden; die Kultur kennt Liebe und Erlösung, nicht aber die Politik, sie muß sich um Gerechtigkeit und Wohlfahrt sorgen.

Wir brauchen die abenteuerlichen Wahrheiten der Kultur und die nüchternen Wahrheiten einer abgemagerten Politik. Wenn wir die beiden Bereiche nicht trennen, besteht die Gefahr, daß wir entweder eine abenteuerliche Politik oder eine ausgenüchterte Kultur bekommen und, im schlimmsten Fall, sogar beides.

Diese beiden Wahrheiten, die *kulturelle* und die *politische*, sollten getrennt werden, aber nicht lediglich in der Form der Arbeitsteilung. Jeder sollte diese Trennung, diese Fähigkeit zu zwei Wahrheiten in sich ausbilden. In zwei Welten leben können mit getrennten Wahrheitsregionen – das wäre eine Lebenskunst, bei der man selbst lebendig bleibt und die zugleich das gefährdete Unternehmen des gemeinschaftlichen Lebens am Leben läßt.

Die Hervorhebungen in den zitierten Texten sind Hervorhebungen des Autors dieses Buches.

Inhalt

Im Bild verschwinden 7

Dreimal die Wahrheit des Ich gegen den Rest der Welt 13

Rousseau 15

Die Große Kommunion 20 · Angst vor der Freiheit der Anderen 28

Kleist 33

Nietzsche 51

Die weltlosen Wahrheiten 81

Metaphysik oder Der Versuch, nach Hause zu kommen 89

Der Tod des Sokrates 91

Die Wahrheit der Liebe 102

Die Trennung von Vernunft und Glauben 109

Ein Rest Gottvertrauen (Descartes) 112

Metaphysik »als ob« (Kant). 114

Noch einmal die ganze Wahrheit (Der Deutsche Idealismus) 122

Leben, nichts als Leben! 126

Freuds Unbehagen in der Kultur 131

Metaphysik und Verbrechen (Hitler, Goebbels) 135

Die Gewalt der Bilder 148

Kafka oder Die Kunst, in der Fremde zu bleiben 155

Das Zögern vor der Geburt 157 · Die ungeheure Welt 160 · Die Wahrheit der Liebe 169 · Die Wahrheit des Schreibens 177 · Die Wahrheit der Macht 181 · Die Luft zum Atmen 185

Eine freie Variation über die Freiheit 191

Vilém Flusser

Medienkultur

Herausgegeben von Stefan Bollmann

Band 13386

Vilém Flussers Philosophie der neuen Medien, so euphorisch sie sich auch manchmal gibt, entspringt allerdings der Abrechnung mit jener Sparte von Medien, die wir gewöhnlich für die Medien schlechthin halten: den Massenmedien. Im so aufregenden wie aufgeregten Prozeß des Zusammenwachsens von Telekommunikation und digitalen Technologien sah er die Chance, der Fernsehkultur zu entkommen. Die Vernetzung der Gesellschaft durch die neuen Medien bedeutet letztlich einen Umbruch im Kulturprozeß, eine »Katastrophe der bürgerlichen Kultur«, die freilich auch Möglichkeiten für eine neuartige Einbildungskraft eröffnet:

»Es gibt nichts Neues vor der Katastrophe, erst nach ihr.«

Fischer Taschenbuch Verlag

fi 710 / 11

Michel Foucault

Die Ordnung des Diskurses

Aus dem Französischen von Walter Seitter

Mit einem Essay von Ralf Konersmann

Band 10083

In der Antrittsvorlesung, die der 1984 verstorbene Philosoph und Historiker anläßlich seiner Berufung an das Collège de France am 2. Dezember 1970 gehalten hat, ist das geschichtsphilosophische Programm, aus dem sich seine späteren großen Werke speisen sollten, in den Grundzügen bereits entworfen. Sie ist ein Schlüsseltext der modernen Ideengeschichte. In einer subtilen Analyse der literarischen und wissenschaftlichen Institutionen und Mechanismen, die das Geschriebene und Gesprochene einschränken, kontrollieren und determinieren, entwickelt Foucault hier den theoretischen »Diskurs«, der ihn berühmt gemacht und mit dem er die Grenzen zwischen Historiographie, Literaturwissenschaft, Philosophie und Rhetorik überschritten hat. Konersmann zeichnet in einem ebenso scharfsichtigen wie kenntnisreichen Essay die Fahndungsmethoden des Foucaultschen Denkens und die Gründe für dessen andauernde fächerübergreifende Wirkung nach.

Fischer Taschenbuch Verlag

fi 220 / 7

Ralf Konersmann

Komödien des Geistes

Historische Semantik als philosophische Bedeutungsgeschichte

Band 14431

Kein Begriff, der nicht seine Geschichte hätte, keine Geschichte, die nicht aus vielen anderen Geschichten zusammengesetzt wäre. Deshalb geht es bei der Darstellung von Wort- und Begriffskarrieren, wie sie die Historische Semantik unternimmt, nicht darum, einen definitiven Sinn zu eruieren und akkurat abzubilden. Es geht vielmehr darum, die Bedürfnisse, Ansprüche und Motive zu entdecken, die hinter den Begriffen und ihren Geschichten stehen. Philosophische Texte sind dann nicht schlicht ›gegeben‹, so wenig wie die Probleme, denen sie sich widmen: Ihre Aktualität ist oft Teil einer langen Geschichte von Anverwandlungen, Variationen und Gegenversionen.

Solchen Geschichten spürt die Historische Semantik nach, indem sie Kontexte vergegenwärtigt und Deutungstraditionen heranzieht. Und sie erinnert daran, daß Philosophie von jeher mit elementaren Orientierungen befaßt ist – mit ihrer Bereitstellung, Untersuchung und Prüfung: Es geht um die Klärung der Herkunft und Tragweite theoretischer Ansprüche.

Was ist ein ›philosophisches‹ Problem?

Herausgegeben von
Joachim Schulte und Uwe Justus Wenzel
Aus dem Englischen von Joachim Schulte
Band 14931

Was ist ein ›philosophisches‹ Problem? Und sofern wir zu wissen meinen, wie Probleme im allgemeinen aussehen: Was soll das Adjektiv ›philosophisch‹ eigentlich bedeuten? Gibt es überhaupt ›philosophische‹ Probleme? Oder sind diese Probleme nur scheinbar welche? Es ist eine Reihe von Fragen, die sich an die Ausgangsfrage anhängen läßt. Schon deshalb ist nicht verwunderlich, daß deren Beantwortung recht unterschiedlich ausfallen kann. Die Beiträge der renommierten Philosophinnen und Philosophen, die für diesen Band verfaßt wurden, führen es vor Augen – und umreißen damit ein Spektrum zeitgenössischer Positionen des Philosophierens.

Fischer Taschenbuch Verlag

fi 14931 / 1